18 45
D R

Hamburger Beiträge zur Öffentlichen Wissenschaft
Im Auftrag der Universität Hamburg
herausgegeben von Harald Schliemann,
Arnold Sywottek, Helmut Vogt

Band 12

Siegfried von Kortzfleisch
Peter Cornehl (Hg.)

MEDIENKULT – MEDIENKULTUR

DIETRICH REIMER VERLAG BERLIN • HAMBURG
1993

Die Deutsche Bibliothek - CIP- Einheitsaufnahme

Medienkult – Medienkultur / Siegfried von Kortzfleisch ;
Peter Cornehl (Hg.). – Berlin ; Hamburg : Reimer, 1993
(Hamburger Beiträge zur öffentlichen Wissenschaft ; Bd. 12)
ISBN 3-496-02518-2
NE: Kortzfleisch, Siegfried von [Hrsg.]; GT

Dr. Friedrich Kaufmann
Unter den Eichen 57
12203 Berlin

Umschlaggestaltung: Bayerl & Ost, Frankfurt a. M.

Printed in Germany

ISBN 3-496-02518-2

Inhaltsverzeichnis

Unterwegs zur Medienkultur
Vorwort

I

Medienkult? Das Wort hat einen kritischen Klang, und gewiß haben wir das gewollt. Kult meint, hier geschieht wahrscheinlich zu viel des Guten, und also ist es nicht mehr gar so gut. Etwa so sprechen die Kritiker: Die Menschen oder doch wenigstens viele Menschen hängen den Medien an wie einer alles Leben bestimmenden Religion. Die Medien bestimmen den Rhythmus des Tages. Sie bieten die Themen der alltäglichen Gespräche an. Sie füttern die Phantasie und nähren die Träume mit Bildern, neuen Märchen und Mythen. Sie führen, weithin ungeprüfte, meist unbewußt vermittelte Maßstäbe ein, wie man leben sollte und wie man also leben könnte. Sie üben Macht aus über das Leben. So etwa fordern die Kritiker heraus, sie tun es seit einer Weile schon, und Medienkult ist ihr kräftigstes Schlagwort. Wir teilen die Kritik in ihrer Tendenz, jedoch nicht, um das Gespräch darüber auszusetzen, vielmehr um es zu fördern oder, bei einigen Themen, es erst richtig anzustoßen.

Wir rechnen mit einer durch die Medien sehr verwandelten Lebenswelt. Die Medien haben wahrhaftig eine andere, eine Mediengesellschaft entstehen lassen: Keiner, kaum einer, will sie mehr aus der Welt schaffen; niemand wäre dazu in der Lage. Sich ihr zu entziehen, kann nur der Weg einzelner sein. Sich ihr zu stellen, ist geboten. Die Mediengesellschaft ist gestaltungsfähig, also wäre nachzudenken wie. Daran müßten alle teilhaben, alle, die sie geistig begreifen, sie politisch und rechtlich regeln, sie technisch vorantreiben und redaktionell füllen, die sie mit ihrem Geld betreiben und Tag für Tag hingebungsvoll nutzen.

II

Medienkultur. So hieße das Ziel. Das Wort hat einen idealistischen Beiklang, und auch dies soll durchaus so sein. Medienkultur, das bezieht sich nicht nur auf die Kunst, gute oder mediengerechte Produkte zu schaffen. Mehr gehört dazu. Es ließe sich in Sätze fassen wie diese:

Wir möchten im Namen der Menschen die Macht der Medien entzaubern; denn zur Medienkultur gehört, daß man die Medien weder unangemessen fürchtet noch über Gebühr von ihnen abhängig ist. Wir möchten im Namen der Medien den Verruf der Medien lindern; denn zur Kultur der Medien gehört der sachliche, nüchterne Umgang mit ihnen. Wir möchten im Namen der Demokratie die Tradition der Aufklärung in den Medien hüten, möchten eine wirklichkeitsgerechte Information sichern und dafür sorgen, daß die Wahrheit nicht der Ökonomie unterliegt; zur Mediengesellschaft gehört, daß sie freies Leben möglich macht, offenes Denken und verpflichtetes Handeln. Wir möchten im Namen der Christen die quasi-religiöse Überhöhung der Medien entkräften, sie entmythologisieren; zur Medienkultur gehört eine angemessene Weltlichkeit der Medienangebote. So etwa und so viel. Darüber wäre weiter zu reden; denn gewiß ist noch mehr zu wünschen oder zu fordern. Das wird sich zeigen. Wohin der Diskurs auch führen wird, es sollte gewiß Konsens darüber bestehen, daß die Phase des Medienkults möglichst nur eine Durchgangsphase sein sollte zur Medienkultur.

III

Dieses Buch gibt, das ist seine erste Absicht, Anstöße für den notwendigen Diskurs. Es bemüht sich darum, störende Schranken zwischen verschiedenen Denkgewohnheiten zu beseitigen. Also bekamen Forscher ebenso wie Medienpraktiker das Wort. Experten aus den Medienwissenschaften tragen das ihre dazu bei und Theologen. Zumal Theologen sind gut vertreten. Nicht weil sie, in altväterlicher Tradition, meinen, sie besäßen zu den Problemen der Mediengesellschaft stets schon fertige gültige Antworten. Wohl aber weil sie mit einiger Verzögerung wahrzunehmen beginnen, daß sie herausgefordert seien und herauszufordern hätten.

Sie sind herausgefordert: Seit gut einem Jahrzehnt hat es die wissenschaftliche Theologie versäumt, sich zureichend in der Tiefe und Breite mit der Medienwelt zu befassen. Sie spricht von Kirche weithin noch so, als gäbe es die Mediengesellschaft gar nicht. Und die verfaßten Kirchen machen allerlei Medienpolitik und engagieren sich in den "neuen" Medien mit ziemlich viel Menschen und Mitteln, ohne zugleich ebenso viel in das Nachdenken darüber und in den Dialog mit der Medienwelt zu investieren.

Auf der anderen Seite haben die Theologen herauszufordern: Wenn es wahr ist, daß zumal das Leitmedium Fernsehen für viele eine religionsähnliche Rolle erfüllt, daß es Rituale anbietet, wenn ferner wahr ist, daß die laufenden Bilder das Hirn und das Herz der Menschen mit eindrucksvollen, weltanschaulich wirksamen Lebenslehren auffüllt, dann geht das offenkundig die Theologen an. Sie werden die Medienmacher zu befragen haben, ob ihnen bewußt ist, was da geschieht.

In dem Dialog der Disziplinen, der begonnen hat, ist keiner, der nur gibt oder nur nimmt, keiner, der nur lehrt oder nur belehrt wird. Auf beiden Seiten wird man sich einzulassen haben auf einen Dialogstil, bei dem jeder lernt, indem er Fragen stellt und indem er vorläufige Antworten sucht. Auch hier übrigens haben die Theologen noch einiges aufzuholen. Denn ehe sie einen quasi religiösen Rang der Medien ausgemacht haben, waren Religionswissenschaftler schon dabei, es zu tun. So könnte, als erwünschte Folge des Dialoges zwischen Medienwissenschaften und Theologie, eine verwandelte, neuerlich sinnvolle und gemeinsame Rezipientenforschung entstehen. Darin ginge es nicht mehr so sehr um Einschalt- und Ausschaltgewohnheiten der Menschen, um die Wirkung der Medien auf Kaufverhalten und Wohlverhalten, also auf deutlich beschreibbare Ja-Nein-Entscheidungen, will sagen um klar umrissene, quantifizierbare Tatbestände. Zu untersuchen wären vielmehr die weiterreichenden komplexen Folgen des umfangreichen täglichen Medienkonsums. Es ginge um Wahrheit und Wirklichkeit, vielleicht sogar um Glaube und Aberglaube, und sicherlich um die neuen Dekaloge und andere Werte-Systeme; es ginge um die Grundlagen des gemeinschaftlichen Lebens gerade in einer säkularen, pluralistischen, hoffentlich weiterhin liberalen Gesellschaft, die zugleich eine Mediengesellschaft ist.

IV

Medienkult - Medienkultur: Die Spannung zwischen beidem wird in Zukunft mit ganz anderer Intensität auch ein Thema der theologischen Ausbildung werden müssen. Auch hier besteht Nachholbedarf. Die Defizite sind offenkundig. Dabei scheint die Situation an den Theologischen Fakultäten derzeit nicht so, daß die Forderung nach neuen Lehrstühlen für Medientheologie Aussicht auf Erfolg hat. So dringend nötig neue Stellen wären, wenn auf diesem Gebiet eine kompetente praktisch-theologische Forschung entstehen soll. Dennoch: Die unzureichende Ausstattung darf nicht ein Alibi für Nichtstun sein. Einiges ist möglich und Schritt für Schritt in Angriff zu nehmen. Interessante Themen gibt es genug. Die Phänomene zeitgenössischer Kultur, die unter theologischen Fragestellungen zu untersuchen wären, sind vielfältig und bunt: Rockmusik, Werbung, Videoclips, Filme, Fernsehunterhaltung sind wichtige Gegenstände theologischer Interpretation. Die Mythen, Symbole und Rituale der Mediengesellschaft bilden reichen Stoff für religionswissenschaftliche, homiletische und liturgische Analysen. Genauere Fallstudien zur Medienberichterstattung, zum Beispiel über die ehemalige DDR (Stasi und Kirche), fehlen. Untersuchungen bestimmter Sendungen aus dem Angebot des öffentlichen und des privaten Rundfunks könnten die Pauschalurteile für das kirchliche Engagement in den neuen Medien differenzieren. Das weite Feld der "Seelsorge" in Massenmedien und die ambivalente Veröffentlichung von Intimität wären kritisch zu erörtern. Und die Theologie müßte sich mehr als bisher einschalten in den aktuellen Ästhetik-Diskurs, in die Debatte um den Konstruktivismus.

Es gibt Angebote zur Zusammenarbeit innerhalb der Universität, zwischen Theologie, allgemeiner Publizistik, Kommunikations- und Medientheorie, aber auch von Seiten der Kirche und ihren publizistischen Einrichtungen. Sie sollten genutzt werden. Die Erfahrung (etwa in Hamburg) hat gezeigt, daß der Beginn mit konkreten, begrenzten Projekten sich lohnt. Wenn die Kooperation gelingt, hat das Folgen. Die Institutionalisierung kann nachwachsen, vielleicht wird sie nachwachsen, wenn sich zeigt, daß die Arbeit Ergebnisse hat, die sich sehen lassen können.

V

So vielschichtig und problemgefüllt der notwendige Dialog über die Mediengesellschaft sein wird, so vielschichtig war schon die Vorgeschichte dieses Buches. Es geht zurück auf eine öffentliche Ringvorlesung an der Universität Hamburg, bei der die allermeisten Texte dieses Bandes vorgetragen worden sind. Sie wurden diskutiert von Journalisten, Kirchenleuten und Studierenden, von Forschern und Praktikern, Lehrenden und Lernenden. Beteiligt waren, fördernd oder mitwirkend, diese Institutionen: der Fachbereich Evangelische Theologie und das Institut für Journalistik, die Evangelische Akademie und die Akademie für Publizistik, das Gemeinschaftswerk der Hamburger

Hauptkirchen und das kirchliche Amt für Öffentlichkeitsarbeit, die Hanns-Lilje-Stiftung in Hannover und die Hanse-Merkur-Versicherungen, denen allen zu danken ist. Dank gilt auch denen, die bei der Planung dabei waren: Professor Dieter Roß, Akademieleiter Wolfgang Teichert, Professor Wolfgang Grünberg; sowie Herrn Bernd Schwarze, der wesentlichen Anteil hatte an der redaktionellen Vorbereitung des Buches. Unterwegs zur Medienkultur ist noch viel Zusammenarbeit vonnöten.

Peter Cornehl Siegfried v. Kortzfleisch

Dieter Roß

Die neue Unverbindlichkeit

Der Zerfall der Öffentlichkeit und die Allgegenwart der Medien

Das Thema "Die neue Unverbindlichkeit" erinnert gewiß nicht nur phonetisch an die "neue Unübersichtlichkeit", die Habermas angesichts der komplexen Wirklichkeitsverhältnisse unserer Gegenwart konstatiert hat. Die Parallelität der Begrifflichkeiten ist nicht unbeabsichtigt, sie ist jedoch keineswegs programmatisch. Es könnte allerdings sein, daß sich zwischen der Unübersichtlichkeit und der Unverbindlichkeit Zusammenhänge herausstellen. (J. Habermas: Die Neue Unübersichtlichkeit, Frankfurt 1985)

Das Thema soll unter zwei Perspektiven behandelt werden: zum einen unter geschichtlichen, zum anderen unter aktuellen Vorzeichen. Der *erste Teil* liefert eine historische Skizze zur Genese und zur Krise des Prinzips Öffentlichkeit in Deutschland. Dabei bewegen wir uns vorzugsweise in den geistigen und sozialen Turbulenzen des 19. Jahrhunderts. Nicht beabsichtigt ist eine Darstellung der geschichtlichen Abläufe; es geht vielmehr um historische Konstellationen, um das wechselvolle Schicksal einer Idee in einer Epoche, aus der sich unser Verständnis von Öffentlichkeit nach wie vor herleitet. Dabei wird sich zeigen, daß das Prinzip Öffentlichkeit in Deutschland zwar als geistiges Ideal, als rechtliche Norm und als politisches Postulat eine wichtige Rolle gespielt hat, aber kaum als wirksamer politischer Faktor.

Der *zweite Teil* geht von einer Beschreibung unserer gegenwärtigen Mediensituation aus. Dabei soll der neue Stellenwert der Medien behandelt und gezeigt werden, wie sich das Prinzip Öffentlichkeit als verbindlicher Faktor neuerdings aufzulösen beginnt. In gewisser Weise soll - oft eher assoziativ als kausal - versucht werden, Problembezüge aufzuzeigen zwischen der schwierigen Geburt der Öffentlichkeit im Deutschland des 19. Jahrhunderts und ihren Zerfallserscheinungen Ende des 20. Jahrhunderts. Abschließend - und das ist der *dritte Teil* - werden dann einige Schlußfolgerungen und Fragen formuliert.

Die Hoffnungen der Aufklärung

Der Begriff "Öffentlichkeit" - und seine Vorform: Publizität - entstand, bevor es die Massenmedien in unserem Sinn eigentlich gab. Öffentlichkeit ist ein grundlegendes Postulat der europäischen Aufklärung. Sie meint die Abkehr von der in feudalen Zeiten üblichen "Geheimniskrämerei" zunächst in der Wissenschaft, dann auch in der Kunst, schließlich in der Gesellschaft. So versteht sie zum Beispiel auch Kant als Kontrollinstanz und Korrektiv in der wissenschaftlichen Diskussion. Denn: Ebenso wichtig wie die Vernunft selbst ist für Kant deren "öffentlicher Gebrauch".[1]

Mit dem Aufkommen und dem Siegeszug der politischen Publizität in der Französischen Revolution wird "Öffentlichkeit" zu einer zentralen Kategorie der politischen Auseinandersetzung: Sie avanciert zum Kampfbegriff gegen eine bis dahin vorherrschende "Kabinetts-Politik". Mit den - im doppelten Sinn - "öffentlichen Angelegenheiten" konstituiert sich ein Bereich, der sich - streng abgetrennt von der privaten Sphäre - die politische und soziale Dimension aneignet. Das Vorbild der "res publica" ist, semantisch wie funktional, offenkundig. Die Forderung nach Öffentlichkeit will alle Staat und Gesellschaft betreffenden Fragen der allgemeinen Kenntnis und der offenen Erörterung zugänglich machen. Zugrunde liegen dem vor allen zwei Erwartungen:

- Die Beteiligung aller (oder doch möglichst vieler) Bürger werde deren Kenntnis politischer Zusammenhänge fördern und zugleich die Bereitschaft steigern, sich als Bürger in republikanischem Sinn zu engagieren.
- Die Mitwirkung möglichst vieler am politischen Diskussionsprozeß erhöhe die Chance, daß auch kontroverse und interessengebundene Fragen sachgerecht und vernünftig entschieden würden.

Ob sich diese Erwartungen immer erfüllt haben, bleibe einmal dahingestellt - denunziatorische Exzesse und irrationale Stimmungsausbrüche noch während der Revolutionszeit lassen mindestens daran zweifeln. Festzuhalten bleibt jedenfalls, daß das "Prinzip Öffentlichkeit" die revolutionäre Situation, der es seinen Durchbruch verdankte, unversehrt überdauerte und zur zentralen Parole des bürgerlichen Liberalismus wurde. Kein politischer Topos ist zwischen den herrschenden restaurativen Kräften einerseits und den aufstrebenden republikanisch-liberalen andererseits während des ganzen 19. Jahrhunderts so grundsätzlich und so verbittert umkämpft gewesen wie das Prinzip Öffentlichkeit. Die Schauplätze dieses Kampfes reichen von Parlamentssitzungen über Gerichtsverhandlungen bis hin zur Pressefreiheit - oder "Preßfreiheit", wie man es damals nannte.[2]

Zeitweilig erschien Öffentlichkeit als ein Allheilmittel gegen feudales Herrschaftsgebaren, geheime Interessenkungelei und irrationale Willkür. Getragen wurde der hohe Stellenwert von Öffentlichkeit von dem Bestreben nach rationalem Ausgleich, politischem Konsens und vernunftgemäßer Ordnung, die der bürgerliche Liberalismus - bei allem Interesse an der Selbstverwirklichung des einzelnen - stets hegte. Insofern bedeutete Öffentlichkeit mehr als nur eine republikanische Diskurstechnik, sie war zugleich eine Voraussetzung aufklärerischer Ordnung und Sinngebung. Die Bedeutung dieses Ideals läßt sich am anschaulichsten erkennen an dem langwierigen und wechselvollen Kampf um die "Preßfreiheit": Görres verfocht sie als Instrument zur nationalen Selbstbehauptung gegen die napoleonische Bedrohung; Börne und Heine sahen - bei aller persönlichen Gegensätzlichkeit - in ihr das Mittel zur Überwindung des Feudalismus und der deutschen Provinzialität; Lassalle pries sie - freilich befreit von ökonomischen Zwängen - als Bedingung für die Emanzipation der sozial Entrechteten.

Alle aufklärerischen und republikanischen Impulse flossen in ihr zusammen und drückten sich in ihr aus. "Publizität" erschien nicht nur als Triebkraft jeden Fortschritts, sondern - man möchte fast sagen - als konstitutives Element aller gesellschaftlichen Zukunftsentwürfe, der konservativen ebenso wie der progressiven. Fast stellt sich das Prinzip Öffentlichkeit aus nachträglicher Sicht als etwas dar, das man zugespitzt als "übergreifende Gesamtvernunft" bezeichnen könnte, mit heilsamen Folgen für alles und jeden. Resultat solcher Hoffnungen waren - vor den Karlsbader Restriktionen 1819 und nach der Beinahe-Revolution von 1848 - eine Vielzahl von Publikationen und Zeitungen. Sie hatten freilich meist winzige Auflagen und waren eher geeignet und darauf angelegt, den inneren Zusammenhalt einer gleichgesinnten Klientel zu sichern, als die Macht der Herrschenden zu gefährden. Mit dieser "Gesinnungspresse" sind große Namen der deutschen Publizistik verbunden, zum Beispiel Joseph Görres, Ernst Moritz Arndt, Ludwig Börne, Heinrich Heine, Heinrich von Kleist, Gustav Freytag und Karl Marx. Aber eben auch Namen, die eher geistesgeschichtlichen oder literarischen Rang haben und im politischen Tageskampf ihrer Zeit kaum für Macht und Einfluß stehen. Daß sie dennoch zum Teil zensiert, verboten und verfolgt wurden, sagt weniger über die tatsächliche Gefahr, die von ihnen ausging, als über den Unterdrückungseifer des restaurativen Establishments und dessen Angst vor jedweder Form von Veränderung.

Verspätete Pressefreiheit

Als im letzten Quartal des 19. Jahrhunderts - beginnend mit dem Reichspressegesetz von 1874 - die Pressefreiheit ansatzweise erreicht wurde, befand sich die Presse indes zu großen Teilen schon auf neuen Wegen: Seit der Gründerzeit mit ihren technischen und ökonomischen Umbrüchen begannen politisches Engagement und publizistische Ambition der Zeitungen sich zurückzuentwickeln. Die industrielle Herstellung, ein flächendeckender Vertrieb, hohe Auflagen, das florierende Anzeigengeschäft und die ausufernde Illustration förderten die Anpassung an den Geschmack und das Unterhaltungsbedürfnis breiter Käuferschichten und ließen das ursprüngliche Herzstück der Presse, die politische Veröffentlichung, allmählich eher in den Hintergrund treten - mindestens in der Massenpresse. Erst jetzt eigentlich wurde die Presse zu einem Massenmedium - und verlor gleichzeitig an politischem Gewicht.

Nimmt man "die Presse" als Gesamterscheinung, wird man sagen müssen, daß sie am Ende des 19. Jahrhunderts von der Vorhut zur Nachhut der Gesellschaft wurde: Die großen emanzipatorischen Ideale wurden abgelöst durch das große Geschäft. Die "Massen- und Unterhaltungspresse" war geboren. Zwar blieben traditionelle "Gesinnungszeitungen" und auch die sogenannte "anspruchsvolle Presse" bestehen, doch eher als rückläufige, von der breiten Leserschaft kaum beachtete Randerscheinung. Es erscheint wichtig, sich dessen zu erinnern, zumal heute, da die meisten Kulturkritiker auf das "Großmedium" Fernsehen starren und in ihm beständig wieder den eigentlichen Sündenbock für Entpolitisierung und Kulturverfall anprangern. Die Karriere der "Gartenlaube" begann immerhin schon 1853; ihre Auflage lag 1874 bei mehr als 400.000 Exemplaren - eine für damalige Verhältnisse astronomische Zahl. Der damals als einziges deutsches "Weltblatt" geltende "Hamburgische Correspondent" erreichte gerade noch eine Auflage von 6.000 Exemplaren.

Von der realen Veränderung des Mediums Presse, von der Verlagerung ihrer Intention und ihrer Funktion aus der Politik in die Unterhaltung blieb der Topos "Öffentlichkeit" als Ideal jedoch wiederum unberührt. - Und eigentlich gilt das bis heute. Selbst die historisch evidenten Deformationsmöglichkeiten einer massenmedial hergestellten Öffentlichkeit - man denke etwa an die manipulative Instrumentalisierung der Medien im Nationalsozialismus oder im Leninismus - haben dem Ideal von Öffentlichkeit kaum Abbruch getan. Da mag sich schon der Verdacht einstellen, daß hier eine aufklärerische Idee desto ungebrochener fortlebt, je schwieriger ihre Verwirklichung wird. Zwar hat die Gesellschafts- und Kulturkritik - von Schopenhauer und Nietzsche über Karl Kraus und Adorno bis Postman - ein gewaltiges Arsenal elitärer Argumente wider die Massenmedien (neuerdings insbesondere wider das Fernsehen) aufgetürmt, doch der Normenkodex der Demokratie und seine Stilisierung des Prinzips Öffentlichkeit wurde dadurch kaum tangiert.

Liest man etwa im Grundgesetz, in den Pressegesetzen, in den einschlägigen Urteilen höchster Gerichte und in den Standardwerken der Politischen Wissenschaft nach, erscheint der Glaube an die aufklärende, diskursfördernde, sinnstiftende Funktion der Massenmedien ungebrochen. Und noch aus den radikalsten Abrechnungen, etwa mit dem Fernsehen, schimmert zwischen den Zeilen die Hoffnung, ein irgendwie anderes, besseres Fernsehen könne den rapiden Verfall unserer politischen, gesellschaftlichen und ästhetischen Kultur aufhalten. - Der einzige, der auch diese Hoffnung ausdrücklich hat fahren lassen, ist, so scheint mir, Enzensberger.[3]

Die Soll-Vorstellungen über die Bedeutung der Öffentlichkeit für Staat und Gesellschaft und über die Funktion der Medien für die Öffentlichkeit haben sich - ungeachtet der Hochkonjunktur von Medienkritik - seit dem 19. Jahrhundert kaum geändert. Damit stellt sich die zentrale Frage: Entspricht die Überlebensfähigkeit dieser Soll-Vorstellungen noch dem Ist-Zustand? Ich vermute: Nein! Oder genauer: Nicht mehr auf eine Weise und in einem Umfang, die notwendig wären, um eine medienvermittelte Öffentlichkeit wirksam und verbindlich herzustellen.

Um dieser Frage nachzugehen, empfiehlt sich ein Blick auf den gesellschaftlichen Wandel im Laufe des 19. Jahrhunderts. Denn nicht nur Ökonomie und Technik haben sich während dieser Zeit dramatisch verändert, sondern mit ihnen auch die sozialen und politischen Prioritäten und Mentalitäten. Die Bedingungen, unter denen das Prinzip Öffentlichkeit seine Karriere fortsetzte, unterlagen diesem Wandel ebenso wie die Welt der Medien.

Der Glaube an die heilsame Wirkung der Öffentlichkeit war erwachsen aus dem aufklärerischen Vertrauen in eine vernunftgemäße Ordnung der Welt und des Lebens. Insofern richtete es sich gleichermaßen gegen die Monopolstellung eines "Glaubens" als auch gegen den Herrschaftsanspruch von "Autoritäten": Ihre Gegenspieler waren demgemäß die Kirche ebenso wie der Adel. Die allgemeine Ordnung sollte hergestellt werden in einem vernunftgemäßen Ausgleich von Ansprüchen und Argumenten, an dem teilzuhaben jedermann nach seinen Fähigkeiten und Neigungen berechtigt war, solange er nicht die Rechte anderer verletzte. Aus der rationalen Koordination individueller Interessen und der diskursiven Lösung von Konflikten sollte sich schließlich das Gemeinwohl ergeben.

Zugrunde lag dem ein zutiefst harmoniebedürftiges Weltverständnis, das von der rationalen Berechenbarkeit und Steuerbarkeit der menschlichen Verhältnisse ebenso überzeugt war wie von dem allseitigen Einverständnis mit dieser Grundregel. Die Folge war ein Fortschrittsoptimismus, der die Veränderbarkeit und die Verbesserbarkeit im Sinne einer wachsenden Vernünftigkeit zum Grundgesetz der Geschichte erhob. Träger dieses Konzepts, das sich in der politischen Bewegung des Liberalismus ausformte, war das Bürgertum, das gebildete zunächst, später, als man dessen ökonomischen Nutzen erkannte, auch das wohlhabende. Und ein wesentliches Vehikel in diesem Konzept war stets das Prinzip Öffentlichkeit, das den Herrschaftsanspruch weniger aufheben und die Partizipation möglichst vieler sicherstellen sollte. Es hat zwar die politische und gesellschaftliche Realität im Deutschland des 19. Jahrhunderts nicht eigentlich bestimmt - denn die Serie der Niederlagen zum Beispiel der Pressefreiheit reicht von Metternich bis Bismarck. Aber es hat als Postulat die politische und gesellschaftliche Agenda nachhaltig geprägt, weil es eine Wunde offenhielt, in die der bürgerliche Liberalismus immer wieder Salz streuen konnte. Gerade weil obrigkeitsstaatliche Zensur und restaurative Repression insgesamt dominierten, wurde ein allgemeines Bewußtsein von der Bedeutung der Publizität, vom Stellenwert der "öffentlichen Angelegenheiten", wachgehalten.

Man muß es wohl - gemessen an anderen europäischen Staaten - als Tragik der bürgerlichen Gesellschaft in Deutschland ansehen, daß das heißersehnte Grundrecht der allgemeinen Pressefreiheit und damit die Etablierung des Faktors Öffentlichkeit erst erreicht wurde, als die Gesellschaft sich längst wieder neu zu formieren begonnen hatte - nicht nach den Grundsätzen des Liberalismus, sondern nach denen der Demokratie. Diese Gegenüberstellung mag auf Anhieb irritieren, und sie sei deshalb kurz erläutert. Der Grundgedanke nicht nur des philosophischen, sondern auch des politischen Liberalismus war gewesen, daß sich das Gemeinwohl werde herstellen lassen durch den offenen Wettbewerb und den vernünftigen Ausgleich von Interessen. Die Einsicht sollte die Gerechtigkeit hervorbringen, auch die soziale. Dieser Grundgedanke erwies sich in der Praxis mehr und mehr als Illusion. Vielmehr zeigte sich das Wettbewerbsprinzip gegenüber dem Interessenausgleich als äußerst resistent, vor allem im ökonomischen Bereich. Statt der erhofften Gerechtigkeit etablierten sich in der zweiten Hälfte des 19. Jahrhunderts unter den Bedingungen eines rückläufigen Feudalismus und eines sich ausbreitenden Kapitalismus neue und offensichtliche Ungerechtigkeiten, die erheblichen sozialen Unfrieden stifteten. Der "vierte Stand" oder das Proletariat war der eigentliche Verlierer jenes liberalen Konzepts, das die auch materielle Emanzipation aller versprochen hatte, aber zur Verelendung der Massen führte. Damit war die "soziale Frage" geboren, die sich unter dem Einfluß von Industrialisierung und Gründerzeit beständig verschärfte. Die der liberalen Eigennutzidee innewohnenden elitären Energien erwiesen sich als stärker als die egalitären Folgen, die man sich von ihr versprochen hatte.

Die Folge war die Hinwendung zur sozialen Demokratie, einer politischen Ordnung, deren wesentliches Ziel - ganz im Gegensatz zur liberalen Gedankenwelt - der soziale Ausgleich von Staats wegen war. Für unseren Zusammenhang wichtig ist der mit diesem Umschwung einhergehende Wandel der gesellschaftlichen Mentalitäten. Das Gemeinwohl, verstanden als das materielle und geistige Wohlergehen aller, stellte sich nicht durch einen vernunftgemäßen Ausgleich her, materielle Gruppeninteressen widerstanden dem rationalen, öffentlichen Diskurs: Interessenkonflikte erwiesen sich nicht als Vernunft-, sondern als Machtfragen.

Streitgemeinschaft statt Diskursgemeinschaft

Diese Erfahrungen standen an der Wiege des Zeitalters der sozialen Demokratie und des demokratischen Sozialismus. Sie schufen zugleich neue Formen der politischen Auseinandersetzung. Die Öffentlichkeit wurde vom Forum der Aufklärung zum Kampfplatz um die Macht. Zugleich löste sich das Gemeinwohl auf in die Interessen unterschiedlicher Klassen, allgemeine Rationalität wurde abgelöst von gruppenspezifischen Mentalitäten, das angestrebte homogene Ganze zerfiel in rivalisierende Teile. Um auf ein modisches Begriffspaar zurückzugreifen, liegt hierin auch der Grund dafür, daß neuerdings das "Ende der Moderne" und der "Beginn der Postmoderne" auf die Jahrhundertwende zurückdatiert wird. Jedenfalls nahmen hier einige Erscheinungen ihren Anfang, die heute als konstitutive Merkmale der Massendemokratie gelten: Versorgungsdenken und Gruppenegoismen, kulturelle Subjektivität und Hedonismus, Konsumdenken und Wertepluralismus.[4]

Vor diesem historischen Hintergrund setzt sich endlich die Pressefreiheit durch, und das Prinzip Öffentlichkeit wird als Grundelement der Meinungs- und Entscheidungsbildung auch in Deutschland anerkannt und kann sich - gestützt auf Gesetz und Rechtsprechung - schrittweise entfalten. Freilich: Die Gesellschaft ist nicht mehr die vernünftige Diskursgemeinschaft, von der Kant, Börne, Görres und Heine einst ausgegangen waren. Während sich einerseits die Presse, der wichtigste Träger des Prinzips Öffentlichkeit, Ende des 19. Jahrhunderts von einer Aufklärungs- zu einer Unterhaltungsveranstaltung wandelte, veränderte sich gleichzeitig und korrespondierend das Bewußtsein des Publikums hin zu einem interessengebundenen und gruppenorientierten Verständnis von Demokratie. Solange die Avantgarde des aufgeklärten Bürgertums um die Durchsetzung des Prinzips Öffentlichkeit kämpfen mußte, gab es in Deutschland keine Medienfreiheit, in der sich die "öffentlichen Angelegenheiten" offen hätten artikulieren lassen; als die Pressefreiheit durchgesetzt wurde, waren die Gesellschaft und auch die Zeitungen schon zu neuen Zielen jenseits von Aufklärung und Politik aufgebrochen, nämlich zu Unterhaltung und Kommerz. Öffentlichkeit als Prinzip geriet also bereits in eine strukturelle Krise, lange bevor die flächendeckenden und "klassenlosen" elektronischen Massenmedien Hörfunk und Fernsehen überhaupt erfunden waren.

"Öffentlichkeit" - als programmatische Forderung das Produkt einer bestimmten historischen Situation (nämlich des aufgeklärten Liberalismus) - kam erst zum Durchbruch, als die Massenmedien einerseits und die Gesellschaft andererseits sich schon von den bürgerlichen Idealen zu entfernen begannen. Auch in diesem Zusammenhang also erwies sich Deutschland als eine "verspätete Nation": Die Freiheit der Presse kam ein Jahrhundert zu spät, als daß sie ihre emanzipatorischen Energien massenwirksam hätte entfalten und eine politisch verbindliche Öffentlichkeit hätte konstituieren können. Zum Vergleich: In England war das möglich schon seit 1695, in den USA seit 1776, in Frankreich seit 1789. Es ist mithin kein Zufall, daß es auch nur etwas annähernd Ähnliches wie die öffentliche Bewältigung der französisches Dreyfus-Affäre (1898-1906) in Deutschland nicht gegeben hat. Als die Presse in Deutschland frei wurde, sich in den öffentlichen Diskurs einzumischen, stieß sie in der Gesellschaft, die sich mit Hilfe politischer Heilslehren längst ideologisch polarisiert hatte, auf taube Ohren. Nirgends ist das anschaulicher nachzulesen als in den liberalen Zeitungen der Weimarer Zeit: Sie sahen, was drohte, alles voraus, aber aufgehalten haben sie nichts.

Die historische Bilanz des Phänomens Öffentlichkeit in Deutschland erweist sich als eher bescheiden; sicher ist dies auch ein Grund dafür, daß der "deutsche Sonderweg" im 20. Jahrhundert derart in die Irre des nationalsozialistischen Totalitarismus führte. Erst das medienpolitische Oktroi der westlichen Siegermächte hat nach 1945 diesem Land eine Realität von Öffentlichkeit beschert, die diesen Namen verdient - ich würde sagen: wenigstens für etwa vier Jahrzehnte. Denn seit Mitte der 80er Jahre kündigt sich so etwas an wie ein qualitativer Sprung rückwärts, in unserer Medienrealität und in unserer Öffentlichkeit.

Entmachtung der Medien

Lassen Sie mich mit einer Alltagserfahrung beginnen: Wenn man vor 30 Jahren beim Brötchenholen einen Bekannten traf, konnte man mit ihm nicht nur über das Wetter, sondern auch über das Fernsehen sprechen, über Robert Lembke, die Tagesschau, über Lassie, Kulenkampff oder über Panorama: Heute bleibt man besser beim Wetter, denn wahrscheinlich hat er nicht gesehen, was man selbst gesehen hat - und umgekehrt. Was ist geschehen? Stattgefunden hat eine "Fernsehinflation", eine Vervielfachung des Angebots, zum Teil eine Vermehrung um das Sechs- bis Achtfache. Die Zeit, die der einzelne vor dem Bildschirm verbringt, ist demgegenüber weitgehend konstant geblieben. Sie liegt statistisch seit Jahren bei etwa zweieinhalb bis drei Stunden täglich.

Schon in dieser Relation liegt eine qualitative Veränderung: Während der einzelne mit seiner täglichen Fernsehzeit vor etwa zwanzig Jahren noch etwa 20 Prozent des verfügbaren Fernsehangebotes wahrnehmen konnte, nutzt er in der gleichen Zeit heute allenfalls noch drei Prozent dessen, was über den Bildschirm flimmert. Tatsächlich begegnet jeder von uns nur einem minimalen Ausschnitt des tatsächlichen Fernsehens; und jeder von uns begegnet damit notwendigerweise einem anderen Ausschnitt, so daß wir eigentlich, wenn wir über das Fernsehen reden, kaum mehr über dieselbe Sache reden.

Hinzu kommen massive inhaltliche Veränderungen des Programmangebots. Seit der Einführung des kommerziellen Fernsehens 1986 läßt sich - zunächst bei den privaten, in der Folge dann auch bei den öffentlich-rechtlichen Sendern - eine Inflation von Unterhaltungs-, Spielfilm- und Spielangeboten feststellen. Parallel dazu hat sich der Anteil an Informations- und insbesondere an Kulturprogrammen erheblich vermindert, so daß die Chance, ihnen auch nur zufällig zu begegnen, sich drastisch verringert hat. Die gezielte, absichtliche Suche nach Information und Kultur - sieht man etwa von den offenbar ritualisierten Hauptnachrichtensendungen ab - ist ohnehin die Ausnahme.

Bei der großen Mehrheit des Publikums dominiert eine regelrechte Informationsvermeidung, der sogenannte "Unterhaltungsslalom", der anspruchsvollen Programmangeboten gezielt ausweicht. Das Fernsehen als Medium der politischen, gesellschaftlichen und kulturellen Integration, als gemeinsames Forum des öffentlichen Diskurses, als gemeinwohlorientierte, konsensbildende und sinnstiftende Institution existiert nicht mehr - oder genauer: nur noch in Rundfunkgesetzen und Urteilen des Bundesverfassungsgerichts.

Nach dem Zweiten Weltkrieg hat man den Medien - insbesondere auch den elektronischen - diese "öffentliche Aufgabe" gesetzlich aufgetragen: Sie sollten als integrierende und kritische Instanz die allgemeine Willensbildung fördern, unabhängig von Staat und Kommerz. Ganz im Sinne der aufklärerischen Ideale wurde die durch Medien hergestellte Öffentlichkeit zur Voraussetzung für den Aufbau und die Funktionsfähigkeit einer demokratischen Ordnung erhoben, von manchem gar stilisiert bis hin zu einer sogenannten "Vierten Gewalt", deren politisch bildender Einfluß auf Regierende wie Regierte gleichermaßen wirken sollte.

Rückblickend wird man sagen können, daß dies mindestens zeitweilig auch funktioniert hat. In den 50er und 60er Jahren hat der deutsche Rundfunk ein journalistisches und kulturelles Niveau erreicht, das weltweit Beachtung fand und ohne das das Experiment Bundesrepublik kaum hätte gelingen können. Freilich muß man auch an die Voraussetzungen erinnern, die dies möglich machten: Man hatte nicht die Wahl zwischen 25 oder 30 Fernsehprogrammen, sondern allenfalls zwischen zwei oder drei; und für den Hörfunk sah es nicht wesentlich anders aus: Ein begrenztes Medienangebot führte die Aufmerksamkeit des Publikums immer wieder zusammen, machte es mit gemeinsamen Erfahrungen und Anschauungen bekannt und bündelte die öffentliche Diskussion. Geprägt wurde dieses Medienangebot zudem von einer Generation von Journalisten, die ihr professionelles Aufgabenverständnis als republikanisches Gegenbild zur totalitären Propaganda des Nationalsozialismus entwickelt hatten.

Hinzu kommt, daß das Publikum ganz neue Nutzungsgewohnheiten entwickelt, beim Fernsehen zum Beispiel das "channel hopping" oder "zapping": Mit Hilfe der Fernbedienung wird im Fernsehen geblättert wie in einer Illustrierten. Nach neueren Untersuchungen muß man davon ausgehen, daß allenfalls ein Drittel der Zuschauer, die rein statistisch eine Sendung sehen, ihr auch durchgehend treu sind; etwa zwei Drittel verlassen nach kurzem Aufenthalt die Sendung, kehren vielleicht zurück - meist aber nicht. Es ist schon eine irritierende Vorstellung, daß auch die Mehrzahl der Zuschauer, die etwa nach der Reichweiten-Statistik die Tagesschau "gesehen" haben, tatsächlich nur einen kleineren oder größeren Teil der 15 Minuten dabeigeblieben sind. Es ist höchste Zeit, den Begriff der Reichweite einer Sendung fallenzulassen und lieber von einer Art "Berührungsquote" zu sprechen.[5]

Schon hat man für den Zuschauer das Bild vom "Flaneur" vorgeschlagen, der durch die flimmernden Kanäle spaziert, auf der Suche nach noch Interessanterem, Spannenderem, Bunterem. Was genau er bei diesem Kanalbummel sucht, läßt sich kaum präzisieren. Die Gründe scheinen jedenfalls völlig personen-, stimmungs- und situationsabhängig zu sein. Allerdings ist zweifelhaft, ob diese "vagabundierende"

Mediennutzung tatsächlich die Freiheit des Rezipienten vergrößert; aber größer geworden ist allemal seine Mobilität. "Jeder sein eigener Programmdirektor!" war die Parole derer, die sich für die Privatisierung und Vermehrung der Fernsehprogramme stark gemacht haben. Nun, da die Folgen sichtbar werden, plagt viele von ihnen der nostalgische Katzenjammer.

Zu konstatieren ist eine eklektische Mediennutzung: Fragwürdig muß demgemäß zunehmend alles werden, was die für die Medien Verantwortlichen als Ziel und Zweck ihren Angeboten zugrundelegen: Öffentliche Aufgabe, erzieherische Absichten, diskursive Rationalität, Gemeinwohlorientierung, umfassende Information, kritische Meinungsbildung. Alle diese hohen Werte und wohltätigen Folgen, die sich durchaus lesen lassen als Derivate des klassischen Prinzips Öffentlichkeit, geraten ins Wanken.

Schon die einzelne Sendung ist für den Rezipienten keine real wahrgenommene Einheit mehr, wieviel weniger ein gesamtes "Programm"! Und wie muß es dann erst stehen um die alles umfassende Öffentlichkeit? Wo sich konsistente und berechenbare Formen einer allgemeinen Mediennutzung nicht mehr ausmachen lassen, müssen deren normative Intentionen an der Realität zunichte werden.

Ich vermute, daß wir uns in dieser Situation befinden: Die Entwicklung der Medien und die neuen Umgangsformen des Publikums mit ihnen haben nicht mehr verbindende und verbindliche Folgen, sondern trennende und beliebige. Die Vermehrung und Diversifikation der Medien entwertet sie zugleich als Aggregate der Öffentlichkeit.

Kultur der Subkulturen

Öffentlichkeit, einst gedacht als "übergreifende Gesamtvernunft", löst sich auf in unterschiedliche Teil-Öffentlichkeiten, die - teils machtvoll und etabliert, teils ohnmächtig und subversiv - je eigenen sozio-kulturellen Wertsystemen gehorchen. Kultur zerfällt in eine Vielzahl von Sub-Kulturen, die je eigene Moden und Lebensstile, Verhaltensmuster und Mentalitäten entwickeln. Diese Desintegration, die aus ihr folgende Unverbindlichkeit des Allgemeinen, bei gleichzeitiger Kultivierung des Besonderen, ist natürlich nicht in erster Linie oder gar allein medienbedingt, sondern Konsequenz eines gruppen-demokratischen Pluralismus. Aber: Sie findet nunmehr auch - mit einigem Verzug - in den

Medien einen augenfälligen Ausdruck. Wie in vielen anderen Bereichen wird auch in der Medienrealität ein typisches Merkmal der Gesellschaft sichtbar: ihre *Mittelpunktlosigkeit.* Die Gesellschaft organisiert sich in zahllosen Kreisen, die sich zwar noch berühren mögen, sich auch partiell überschneiden, sich aber nicht mehr konzentrisch zueinander verhalten. Ich will diese Entwicklung nicht beklagen als gesellschaftliche Deformation, als Kulturverfall oder als Anfang vom Ende politischer Regierbarkeit. Ich will nur eine Situation unvoreingenommen beschreiben, auch um übertriebene Erwartungen und falsche Hoffnungen zu dämpfen, denen sich die Medien oft ausgesetzt sehen - und die sie häufig auch ganz gern selbst nähren. Denn wenn die Massenmedien den gemeinsamen kommunikativen Nenner der Gesellschaft nicht mehr bilden können, wird ihre diskursive und integrative Funktion insgesamt in Frage gestellt und damit die Öffentlichkeit als verbindlicher Singular gegenstandslos.

Natürlich muß Öffentlichkeit in ihren Zielen und Argumenten immer vielstimmig sein und kontrovers; aber sie bedarf hinsichtlich ihrer Themen und Verfahren gemeinsamer Wert- und Zielvorstellungen. Der öffentliche Diskurs etwa über das Zusammenwachsen der beiden Teile Deutschlands muß leiden, sofern er in Westdeutschland überwiegend moralisierend anhand der Stasi-Problematik geführt wird, in Ostdeutschland aber vor allem sozial anhand von wirtschaflichem Verfall und Arbeitslosigkeit. Eine solche quasi gespaltene Öffentlichkeit erhöht die "Mauer in den Köpfen" statt sie abzutragen. Und dies ist nur eine von zahlreichen Spaltungen - derzeit nur die am häufigsten in den Medien grassierende.

Das Überangebot der Massenmedien - und das gilt nicht nur für Hörfunk und Fernsehen, sondern gleichermaßen für Zeitungen und Zeitschriften - verhindert zunehmend das Entstehen und Funktionieren einer Öffentlichkeit, von der noch irgendwelche verbindlichen sozialisierenden Impulse ausgehen können. Die Medien bieten alles - und auch das Gegenteil davon. Sie sind ein riesiges Warenhaus zur Selbstbedienung, in dem sich jeder gemäß seinen Gruppen- oder Individualinteressen versorgt. Nicht ohne Grund machen die "Einschaltquoten" und der Begriff "Medienkonsumenten" eine steile Karriere. Die Allgegenwart der Medien und ihr für den einzelnen gar nicht mehr faßbares Angebot bezeichnen eher ihre Ohnmacht als ihre Allmacht. Im übrigen: Eben diese Ohnmacht ist auch die (freilich heimliche) Absicht jener gewesen, die die Kommerzialisierung der Medien politisch durchgesetzt haben. Neuerdings hört man sie klagen über so viel Gewalt, Pornographie und Trivialität - und über unerfüllte (partei)politische Hoffnungen. Schon wahr: Heute muß ein Politiker an mindestens fünf Talk-Shows teilnehmen, wenn er ein ähnlich großes Publikum erreichen will wie noch vor zehn Jahren mit einer Talk-Show.

Es ist geradezu ein paradoxer Glücksfall, daß Teile unserer politischen Klasse die Ohnmacht der Medien noch nicht bemerkt haben. Sie glauben immer noch, daß ein Fernsehauftritt wahlentscheidend sei oder daß eine "Spiegel"-Story die Karriere koste. Nicht zuletzt das Beispiel des amtierenden Bundeskanzlers beweist, daß die Dinge so offenbar nicht liegen. Unterhalb des regelrechten Skandals mit kriminellen Zutaten erweist sich die durch Massenmedien hergestellte Öffentlichkeit eher als beliebig, kurzlebig, widersprüchlich und folgenlos. Der zunehmende Hang zur "Skandalisierung" von allem und jedem, die "sterile Aufgeregtheit" der Publizistik hat eher verkaufsstrategische als aufklärerische Ursachen und Folgen. Des alten Adenauer Maxime - "Ärgern Sie sich nie über eine Zeitung! Kaufen Sie sich morgen eine neue!" - ist ein durchaus zukunftweisender Ratschlag.

Skeptische Bilanz

Wir haben das Prinzip Öffentlichkeit kennengelernt als ein Produkt der Aufklärung und ein Ziel der um ihre Emanzipation kämpfenden bürgerlich-liberalen Gesellschaft. Die Widerstände gegen die Anerkennung dieses Prinzips waren - zumal in Deutschland - im restaurativ geprägten 19. Jahrhundert ganz erheblich. Erst gegen Ende des 19. Jahrhunderts setzte sich das Prinzip Öffentlichkeit als Faktor zunächst des publizistischen, dann auch des politischen Lebens durch. Freie Massenmedien sind eine notwendige Bedingung für das Funktionieren unserer Öffentlichkeit - freilich nicht unbedingt eine hinreichende. Als die Massenmedien Ende des 19. Jahrhunderts endlich Bedingungen vorfanden, unter denen sie dem Prinzip Öffentlichkeit hätten dienen können, sahen sie sich in zweierlei Hinsicht einer neuen Wirklichkeit gegenüber:

- Einmal waren sie selbst von einem Subjekt der Politik zu einem Objekt der Ökonomie geworden.
- Zum anderen begann dem liberalen Bürgertum die politische Meinungsführerschaft zu entgleiten und verschob sich in Richtung

massendemokratischer Bewegungen. Statt der aufklärerischen Energien der Massenmedien wurde deren manipulatives Potential sichtbar.

Die allzu späte Errungenschaft der Pressefreiheit in Deutschland fiel somit zusammen mit der Krise des bürgerlichen Liberalismus und der Entpolitisierung der industriell produzierten Presse. Reaktiviert wurde das Politische in den Medien zumal in Deutschland von einem totalitären System als Instrument zur Mobilisierung und Indoktrination der Massen als zentral gesteuerte Öffentlichkeit. Zugespitzt läßt sich die historische Entwicklung so zusammenfassen:

- Als eine liberale Öffentlichkeit in Deutschland etwas politisch hätte bewirken können, gab es keine freie Presse;
- als sich mit der Pressefreiheit Öffentlichkeit konstituierte, war sie in großem Umfang nicht mehr politisch;
- und als sie wieder politisch wurde, war sie nicht mehr liberal und republikanisch.

Erst der Zusammenbruch von 1945 hat der ursprünglichen Idee von Öffentlichkeit in Deutschland zu einem einerseits verspäteten, andererseits unfreiwilligen Durchbruch verholfen: mit einer von den Westalliierten lizensierten Presse und mit dem öffentlich-rechtlichen Rundfunk, dessen politische Unabhängigkeit bezeichnenderweise auf den Widerstand aller deutschen Nachkriegsparteien stieß. Dieser Widerstand ließ erst in dem Maße nach, wie es später den Parteien gelang, sich den Rundfunk selbst anzueignen.

Wenn nicht alles täuscht, treten wir derzeit in eine neue Phase der massenmedial hergestellten Öffentlichkeit ein. *Quantitativ* sind die Medien zwar allgegenwärtig und prägen unser soziokulturelles Umfeld nachhaltig; sie sind Bestandteile unserer Lebenswelt (oder besser: ganz verschiedener Lebenswelten), ähnlich wie etwa die Natur oder der Warenaustausch oder der Straßenverkehr. Der Rezipient nutzt das Medienangebot je nach Bedarf und Neigung und integriert es in seinen eigenen Lebensstil. Etwas pathetisch gesprochen, ließe sich sagen: er verwandelt sich das Medienangebot an. (F. Krotz: Lebensstile, Lebenswelten und Medien, in: Rundfunk und Fernsehen, 39. Jg. Heft 3, Hamburg 1991)

Als Faktor der politisch relevanten Öffentlichkeit verlieren die Medien mithin *qualitativ* an Gewicht. Diese Tatsache hat zu einem (kleineren)

Teil damit zu tun, daß die Medienmacher ihre Wahrnehmung der "öffentlichen Aufgaben" auch an kurzlebigen Marktstrategien ausrichten, zu einem (wohl größeren) Teil damit, daß sich das Medienpublikum dem anstrengenden Diskurs über die "öffentlichen Angelegenheiten" verweigert. Was immer die Medienmacher planen und beabsichtigen: In den Augen des Publikums nimmt die direktive Kompetenz der Medien ab; dementsprechend entzieht sich das Publikum dem direktiven Potential der Medien. Dieser Verlust der Medien an direktiver Energie - man könnte auch sagen an "Führungskraft" vermindert nicht nur (was die meisten begrüßen werden!) ihre Fähigkeit zu Manipulation und Propaganda, sondern natürlich auch (was viele schmerzen wird!) ihre Fähigkeit, aufzuklären, zu integrieren, Bewußtsein zu bilden.

Das Publikum macht von den Medien einen eigenständigen Gebrauch. Sie sind nicht mehr maßgebliche Autoritäten, von denen sich die Rezipienten leiten lassen, sie machen lediglich ein reichhaltiges, buntes Angebot, das nach je individuellen Interessen und Bedürfnissen genutzt wird - oder eben auch nicht. Diese individuellen Interessen und Bedürfnisse steuern den Aktionsradius der Medien weit mehr als die Absichten und Ziele der Medienmacher. Das Angebot ist auch disparat und vielfältig genug, um unterschiedliche und auch gegensätzliche Interessenprofile zu befriedigen. Eine homogene und konsistente Öffentlichkeit im Sinne eines "vorherrschenden Bewußtseins", das politisch und gesellschaftlich prägend wäre, können die Massenmedien kaum mehr herstellen. Sie liefern eher zusätzliches Material zur Versorgung disparater Teil-Öffentlichkeiten.

Der "Große Bruder" hat ausgedient

Die Gesellschaft formiert sich nicht mehr vorzugsweise durch die Massenmedien, sondern durch unmittelbare Alltagserfahrungen und in individuellen Lebensweisen. Man kann förmlich von einer Renaissance des Privaten und Partikularen sprechen, ob es sich nun ausdrückt als Gruppeninteresse, Freizeitwelt, Subkultur oder Regionalismus. Der Bezug auf das übergreifende "Allgemeine", dessen das Prinzip Öffentlichkeit so notwendig bedarf, verliert sich, Subjektivismen und auch Egoismen prägen sich aus. Die "Selbstverwirklichung" löst das "Gemeinwohl" als Lebensentwurf ab. Wahrscheinlich müssen wir deshalb auch ein anderes liebgewordenes Denkschema aufgeben, das nicht zufällig ebenfalls aus dem 19. Jahrhundert stammt: das von der

"Massen"gesellschaft und dem "Massen"menschen, der - sozial entwurzelt und entfremdet - zum Spielball beliebiger Manipulation wird. - Es ist ja keineswegs auszuschließen, daß die Inflation in der Medienwelt mit ihren praktisch unbegrenzten Nutzungsmöglichkeiten für den einzelnen das zur Folge hat, was die Sozialwissenschaft einen "Individualisierungsschub" nennt.[6]

Zu vermuten ist, daß das immer noch vorherrschende Massen-Paradigma für die angemessene Beschreibung der kommunikativen Prozesse angesichts der Vielfalt möglicher Mediennutzungsvarianten überhaupt nicht mehr taugt. Getreu Goethes Motto "Wer vieles bringt, wird manchem etwas bringen" könnte es durchaus sein, daß ein ebenso unübersehbares wie unübersichtliches Medienangebot die Interessen einzelner und kleiner Gruppen eher profiliert und fördert als einebnet und verhindert. Als aller "Großer Bruder" hätten die Massenmedien dann ausgedient. Natürlich liegt hier der Einwand nahe, die Vermehrung der Medienangebote bedeute doch nur eine Vermehrung des immer Gleichen, im wesentlichen des Unterhaltsamen und Ablenkenden. Bezogen auf unser Thema, eröffnet das aber auch keine günstigere Perspektive: Wenn die Medien nur noch Fluchthilfe aus der Wirklichkeit leisten, sind sie für die Herstellung einer funktionsfähigen Öffentlichkeit ähnlich ungeeignet, wie wenn sie vorzugsweise individuelle Interessen bedienen.

Im übrigen: Hier zeichnet sich eine Krise ab nicht nur des Prinzips Öffentlichkeit, sondern vieler gesamtgesellschaftlicher Prozesse und Institutionen. Denken wir an die Verdrossenheit mit den Parteien oder an Probleme von Schule und Erziehung, an die Zerbrechlichkeit ethischer Normen, an das angeschlagene Image und das kriselnde Innenleben von Kirchen und Gewerkschaften. Alle traditionellen Instanzen übergreifender gesellschaftlicher Wertevermittlung und Sinngebung haben gleichermaßen damit zu kämpfen, daß sich die "Masse" des Massenbewußtseins entledigt und sich sehr *eigensinnig* auf spezifische Sonder-Interessen und Sonder-Absichten besinnt. - Die Mikroprozesse beginnen wichtiger zu werden als die globalen und epochalen Makrozusammenhänge, die so lange unsere Aufmerksamkeit gebunden haben.

Die Unübersichtlichkeit eines "real existierenden Pluralismus" zeichnet sich ab. Merkwürdig wäre, wenn von all dem der Faktor Öffentlichkeit unberührt bliebe, stammt doch auch er aus einem Weltbild, das von der Unteilbarkeit der Wahrheit ausging und auch davon, daß die Vernunft sich gegen die Unvernunft - oder: die wenigen Vernünftigen gegen die vielen Unvernünftigen - durchsetzen werden.

Mein Fazit bezüglich des altehrwürdigen Prinzips Öffentlichkeit ist deshalb skeptisch. Ich will nicht sagen, daß wir sie nicht mehr bräuchten - im Gegenteil. Ich vermute allerdings, daß sich - entgegen dem oberflächlichen Augenschein - die sozialen und die medialen Bedingungen in eine Richtung entwickeln, die den Faktor Öffentlichkeit traditionellen Zuschnitts zur zwar schillernden, aber unverbindlichen Schauseite einer mehr und mehr polyzentrischen und zentrifugalen Gesellschaft macht. Ein ideologiefreier Umgang mit den "öffentlichen Angelegenheiten" hätte zunächst die Öffentlichkeit als unteilbare Einheit aufzugeben und von jenen polyzentrischen und zentrifugalen Tendenzen auszugehen. Das bedeutet auch eine Gewichtsverlagerung vom Allgemeinen hin zum Besonderen. Ob sich daraus stabile gemeinschaftsbildende und sozialverträgliche Energien werden gewinnen lassen, erscheint ungewiß. Aktuelle Erfahrungen - etwa bei der Integration von Ausländern, bei den Verteilungskämpfen im Zuge der deutschen Vereinigung oder bei der staatlichen Reorganisation Osteuropas - nähren eher Zweifel. Für sicher aber halte ich, daß die Entscheidung darüber nicht im etablierten politischen Überbau oder über die Massenmedien fällt, sondern in den kleinen Einheiten und den Prozessen der gesellschaftlichen Basis.

Lassen Sie mich schließen mit einigen Sätzen von Umberto Eco, beinahe zehn Jahre alt, doch heute sicher noch aktueller als damals: "Alles, was ... über die Massenmedien gesagt worden ist, muß revidiert werden. Früher waren wir allesamt Opfer eines Modells der Massenmedien: ... ein zentraler Sender mit präzisen politischen und pädagogischen Plänen übermittelt die Botschaften ... und kontrolliert die Empfänger ... Es genügte, diese Empfänger zu lehren, diese Botschaften ... zu kritisieren, vielleicht wäre man so ins Reich der geistigen Freiheit gelangt. ... Das war auch der Traum von Achtundsechzig. Was heute Radio und Fernsehen sind, wissen wir: unkontrollierbare Pluralitäten von Botschaften, die jeder benutzt, um sich auf den Tasten der Fernbedienung ein eigenes "Programm" zusammenzustellen. ... Im übrigen haben sich ganz allmählich zwei neue Phänomene herausgebildet, nämlich die Multiplizierung der Medien und die Medien im Quadrat.

...

Es waren einmal die Massenmedien, sie waren böse, man weiß. Ferner gab es die Tugendhaften, die ihre Verbrechen anklagten ... Gut, das alles ist nun vorbei. Wir müssen noch einmal ganz von vorne anfangen, uns zu fragen, was läuft."[7]

Anmerkungen

1 Vgl., auch zum Folgenden, L. Hölscher: Öffentlichkeit, in: Brunner/Conze/Koselleck: Geschichtliche Grundbegriffe, Bd. 4, Stuttgart 1978.

2 Vgl. J. Habermas: Strukturwandel der Öffentlichkeit, Neuwied/Berlin 1969; sowie J. Wilke (Hg.): Pressefreiheit, Darmstadt 1984.

3 H.M. Enzensberger: Das Nullmedium oder Warum alle Klagen über das Fernsehen gegenstandslos sind, in: Mittelmaß und Wahn, Frankfurt/M. 1988.

4 P. Kondylis: Der Niedergang der bürgerlichen Denk- und Lebensart, Weinheim 1991.

5 M. Buß: Formen der Programmnutzung: Läßt sich das Publikum verplanen?, in: R. Weiß: Aufgaben und Perspektiven des öffentlich-rechtlichen Fernsehens, Hamburg 1991.

6 W. Joußen: Massen und Kommunikation, Weinheim 1990.

7 U. Eco: Die Multiplizierung der Medien, in: Über Gott und die Welt, München/Wien 1985.

Will Teichert

Parodien der Gleichzeitigkeit

Warum dieser kryptische Titel, diese sich und das Thema verbergende Überschrift? Was ist mit der Gleichzeitigkeit gemeint? Und warum soll sie parodistisch sein? Antworten kann ich darauf nur mit Beispielen, mit Fällen aus der Programmpraxis des Fernsehens und mit Überlegungen, was diese Programmpraxis für das Verhalten der Zuschauer, für deren (für unser) Wirklichkeitsverständnis und für die Zukunft des Programms bedeuten könnte. Ich will mich dabei vor Verallgemeinerungen hüten, nur Tendenzen andeuten, die nachdenklich machen, Fragen aufwerfen. Ich möchte vier verschiedene Formen der Gleichzeitigkeit skizzieren:

- Gleichzeitigkeit von Ereignis und Bericht
  (Thema: die aktuellen Informationen),
- Gleichzeitigkeit in der Unterhaltung
  (Thema: fast wie im richtigen Leben),
- Gleichzeitigkeit als Sehverhalten (Thema: Zapping).
- Gleichzeitigkeit als Gleichwertigkeit
  (Thema: Programm und Werbung),

Als Augenzeugen dabei - hilflos

Es war Anfang Januar 1992 in einem Hotelzimmer in Chicago. Aus der alltäglichen Neugierde auf das Aktuelle heraus schaltete ich das Fernsehen ein und wurde Zeuge einer Live-Übertragung eines kalifornischen Lokalsenders. Gezeigt wurde eine Verfolgungsjagd auf den Straßen von Los Angeles. Ein rotes VW-Cabrio, von Polizeifahrzeugen verfolgt. Die Fernsehkamera - authentisch, aktuell - immer dabei. Der Wagen wird schließlich gestoppt. Ein Polizist geht mit gezogener Pistole auf das Fahrzeug zu. Man sieht hinter dem Wagenfenster die Umrisse des Fahrers. Dann das für mich Unfaßbare, weil ich das Folgende seltsam teilnahmslos aufnahm: Der Polizist schießt durch das Fenster, der Cabrio-Fahrer sackt zusammen. Die Stimme aus dem Off reportiert den Tod, erzählt dann von der vierstündigen Verfolgungsjagd. Dieses Stück wird am Abend von den nationalen Networks ausgestrahlt, es ist - etwa zwei Tage später - auch in den deutschen TV-Nachrichten zu sehen gewesen.

Reality-TV heißt eine neue inhaltliche Farbe in dem um Aufmerksamkeit buhlenden Medium. Und dies meint unter anderem die Entwicklung, daß kleine private Reporterteams dem alltäglichen Verbrechen, der täglichen Katastrophe in den urbanen Metropolen auf der Spur sind, nicht selten in Kooperation mit der Polizei, und dann "live" von Überfällen, Schießereien, Bränden berichten. Immer mit sogenannten authentischen, aktuellen Bildern von Tätern und Opfern, von Helden und Bösewichtern.

Der technischen Perfektion in der Berichterstattung ist - im eigenartigen Kontrast - ein primitiv-schlichtes Interpretationsmuster von Wirklichkeit zugeordnet. Die telegen aufbereiteten Ereignisse - bipolar, dualistisch geordnet in Gut und Böse, in Chaos und Ordnung, in Täter und Opfer - sind Selbstzweck. Von Bedeutung und Gewicht sind bewegte, aufregende, das Publikumsinteresse für mindestens 90 Sekunden bindende Bilder. Und die braucht das Fernsehen, denn es konkurriert um ein knappes Gut: um die Zeit der Zuschauer.

Man kann diese Programme nun keineswegs abtun mit dem Hinweis auf die Spezifika des US-amerikanischen Fernsehgeschäfts. Hinweise für entsprechende Tendenzen gibt es auch im deutschen Fernsehen. Und ich muß nicht gleich zu Stichworten wie Gladbeck, Borken, Ramstein greifen, die jeweils auf aufsehenerregende Fälle verweisen, wo das Fernsehen - und nicht nur das Fernsehen - die informierende Berichterstattung dem Spektakulären, dem Voyeuristischen, dem kurzlebigen wie medienadäquaten Nervenkitzel geopfert haben.

Während meiner Jurorentätigkeit beim Wettbewerb der Fernsehregionalprogramme in Bremen (1992) habe ich Beiträge gesehen, die gleichermaßen Züge dieser Spielart des Reality-TV erkennen ließen. Zum Beispiel war ein Regionalteam von SAT1 bei einer Drogenrazzia in Frankfurt dabei, bis hin zum "live" gefilmten Schuß mit Todesfolge. Es müssen die verabsolutierten Kriterien von Aktualität und Authentizität gewesen sein, die diesem Beitrag nach Meinung der Redaktion etwas Preiswürdiges hätten verleihen können.

Das Fernsehen bietet mit seinen aktuellen Informationen eine Gegenwart, die in ihm, dem Fernsehen, "überpräsent" ist, so die Soziologin

Helga Novotny. Ereignisse, die an räumlich voneinander entfernten Orten stattfinden, werden nahezu simultan in die Wohnstuben geholt, dort auf skurrile Art mit der privaten Situation gekoppelt. Es entsteht eine eigenartige Gleichzeitigkeit von außen und innen.

Die bitter-parodistischen Akzente dieser Gleichzeitigkeit spürt nur der Zuschauer, der in enger Folge Situationen erlebt, die von ihm Reaktionen abverlangen, und sei es, sich - wie in der eben genannten Episode - ein hilfloses Erschrecken einzugestehen.

Tod im Brüsseler Fußballstadion, die Challenger-Katastrophe, die Umarmungen am und auf dem Brandenburger Tor, Boris Jelzin vor den Barrikaden - Fernsehereignisse, die ständig die kognitiven und emotionalen Reflexe forderten. Und man sitzt und sieht, ohne etwas tun zu können, Wahrnehmung und Handlung klaffen auseinander. Man sieht und kann nicht reagieren; man hört und kann nicht antworten. Die notwendigen motorischen Reaktionen auf die Adrenalinschübe bleiben in den Sesseln der "Couch potatoes" stecken.

Ist dies wirklich so? Es läßt sich nicht eindeutig beantworten. Die Bilder vom 9. und 10. November 1989 aus der DDR, der Bericht vom Zerschneiden des Stacheldrahts an der ungarisch-österreichischen Grenze am 2. Mai 1989, die Bilder von den Montagsdemonstrationen in Leipzig hatten Wirkungen, schafften Reaktionen. Hier zeigte sich die Realität stärker als die Fiktion - hier, so der Publizist Klaus Hartung, "schufen die Bilder eine revolutionäre Gleichzeitigkeit, verteilten die Veränderung, die Umwälzung, die ja nur an einigen Orten erlebt und gehandelt wurde, unversehens auf die ganze Gesellschaft."

Die Unmittelbarkeit dieser Berichterstattung hatte ihr inhaltliches Gegenstück in den War-Game-Beiträgen zum Golfkrieg. Einerseits praktizierten die Reporter des amerikanischen Nachrichtensenders CNN, Peter Arnett und Bernard Shaw, eine Gleichzeitigkeit von Bericht und Krieg, wie sie der Fernsehzuschauer bisher noch nicht erlebt hatte. Auszug aus einem Bericht vom Dach des Al-Raschid-Hotels: "Das sind Flugabwehrraketen, die in den Himmel geschossen werden. Wir hören Flugzeuglärm. Sie donnern über unser Hotel. Der ganze Himmel - ein Riesenfeuerwerk". Andererseits geriet die Darstellung der kriegerischen Auseinandersetzungen zum von den Militärs und ihren Informationsabteilungen gelenkten Videoclip, mit Bildern, wie sie einem aus den War-Game-Automaten der Spielhallen nicht unvertraut sind.

Die Reporter von CNN praktizierten in Bagdad eine Form des "Instant"-Fernsehens, das der augenblicklichen Situation verpflichtet ist - eine andere Variante von Gleichzeitigkeit, diesmal auf der Seite der Journalisten. Um den hypertrophen Ansprüchen der Aktualität zu genügen, ist man "vor Ort", das heißt bei den Bomberpiloten, im von der Lavaschlacke bedrohten italienischen Ort, an der Tür des Sitzungssaals der Fraktion, im Gerichtsgebäude - und bebildert und beschwört den authentischen Augenblick. Zusammenhänge, Hintergründe, Versuche einer interpretierenden Dimensionierung der Vorgänge fallen den aktuell atemlosen Bildern und Nachrichten zum Opfer.

Die Instant-Informationen sind ein Risiko für Publizität und Öffentlichkeit. Die Demokratie, die Zeit braucht für Verstehen, für Verständnis, entwickele sich, so der heute viel zitierte Franzose Paul Virilio, zur Dromokratie, zu einer Gesellschaft also, die von der Geschwindigkeit bestimmt werde. "Rasender Stillstand" heißt Virilios jüngster Essay, in dem er mit nicht immer eingängigen Aphorismen und Reflexionen beschwört, daß die "anwesende Telerealität" die Realität der Gegenstände und Orte verdränge. Das Beispiel, das er in diesem Zusammenhang bringt, verweist auch auf die politischen Möglichkeiten, die in der Gleichzeitigkeit von Bericht und Öffentlichkeit liegen: "Realzeit, aufgezeichnete Zeit; zwei Zeiten, zwei Bewegungen: Am 15. Mai 1989 verlangen die auf dem Tien-an-men-Platz versammelten Studenten in Peking eine direkt übertragende Nachrichtensendung, vergebliche Mühe. Vom 7. Juni an, nach den tragischen Ereignissen von Peking, sendet das chinesische Fernsehen unaufhörlich von automatischen Überwachungskameras der Polizei aufgenommene Filmausschnitte als *Aufzeichnung*, die die gegen einzelne Fahrzeuge und Soldaten verübten Übergriffe zeigen; und das, ohne jemals die friedliche Besetzung dieses Platzes und die Niedermetzelung seiner Besetzer durch die Armee der Volksrepublik China gezeigt zu haben ... Auswahl des Bildes, oder genauer: Auswahl der *Zeit des Bildes*, die für das Land über die momentane politische Wirklichkeit entscheidet ... Die Realzeit sowie der reale Raum des Ereignisses auf dem Tien-an-men-Platz beunruhigen die chinesischen Führer so sehr, daß sie ihre Auswirkungen mit Hilfe des Replay mildern müssen ... Die teleoptische Wirklichkeit setzt sich gegen die topische Wirklichkeit des Ereignisses durch. Am 9. Juni 1989 meldet das chinesische Fernsehen förmlich, daß die Armee ohne vorherige Warnung auf jeden Träger einer Kamera oder eines Photoapparates schießen würde."

Inflationäre Außenreize

Meine Überlegungen zum Prinzip der Gleichzeitigkeit im Fernsehen gelten nicht nur dem Aspekt der zeitlichen Verknüpfung von Ereignis und Bericht beziehungsweise Ausstrahlung, sondern auch den programmimmanenten Strukturen. Zum Beispiel funktionieren viele Beiträge der Fernsehunterhaltung nach der Devise "Das Kommende ist immer schon das Alte". Sie versprechen täglich Neues, natürlich mit der Garantie, das Vertraute und Gewohnte zu liefern. Ein Modell dafür ist die Rudi-Carell-Show, die ausgewählten Zuschauern (im Saal oder zu Hause aufgesucht) verspricht, etwas Ungewöhnliches zu erfüllen, nämlich einen mehr oder weniger geheimen Lebenswunsch. Dieser erweist sich dann nicht selten als so alltäglich, daß es - wenn die Erfüllung der Wünsche die Kandidaten zum Stammeln oder Jauchzen bringt - einem das Wasser in die Augen treibt.

Denn das wirkliche Leben, das wahre Leben hat ja noch nie ausgereicht und wird nie ausreichen, die menschlichen Wünsche zu befriedigen. Und für den unvermeidlichen Zwiespalt zwischen unserer beschränkten Wirklichkeit und unseren Wünschen hat sich ein schlaues, feines Linderungsmittel gefunden: die Rudi-Carell-Show. Die Gleichzeitigkeit der gesehenen Wunscherfüllung mit den eigenen, nur verdeckten Wünschen gibt der Sendung einen eigenen Reiz. Und natürlich hat auch sie "Live"-Elemente: Wenn nämlich Amateure Profis des Musikgeschäftes imitieren, wird stets "live gesungen" eingeblendet.

Die Unterhaltungssendungen dieser Art, wie auch die Game-Shows im Vorabendprogramm tragen einer Konsequenz Rechnung. Weil die TV-Angebote mehrheitlich das Publikum in der Rolle des passiven Zuschauens belassen (müssen), braucht der Zuschauer umso häufiger Interesse weckende Außenreize, Pseudo-Handlungsimpulse, die die Zeit vertreiben und den Eindruck vermitteln, dennoch, trotz Distanz, am Geschehen zu partizipieren. Die Instrumentalisierung von Normverletzungen in den Unterhaltungsprogrammen könnte Beleg sein für diese Verstärkung der Außenreize. In Sendungen wie "Explosiv", "Der heiße Stuhl", "Einspruch" werden vielleicht wichtige Themen in marktschreierischer Manier zerredet und verramscht. Die Themen gehen in dem lautstarken Behauptungswillen der Beteiligten unter. Sendungen dieser Art verweisen auf das Ende argumentativer Programme, sichern aber gleichzeitig dem Publikum das Erleben, einem ungewöhnlichen, außerordentlichen Ereignis "live" beigewohnt zu haben.

Es wird zur publizistischen Qualität, Gäste in sogenannten "Talk-Shows" so zu behandeln, als sei die Bloßstellung eines Gegenübers eine besondere journalistische Leistung. Auch in diesem Fall haben die Entwicklungen in den USA, dort als Reaktion auf Attraktivitätsverluste der "Talk-Runden" - Hinweischarakter für die Zukunft hier. "Confrontainment", "Combat-Talkshows", "Terror-Talk" sind die neuen Begriffe für kalkulierte Regel- und Normverletzungen in Gesprächsrunden, die auch mal mit Prügeleien enden können.

Das Fernsehen nutzt sein Reizinstrumentarium ab, und die Veralltäglichung des Extremen raubt der Publizistik ihre Bedeutung. Vielleicht aber ist dies auch nur eine Sackgasse in der Programmentwicklung, aus der man wieder herausfindet.

Symbiose von Programm und Werbung

Parodistische Elemente der Gleichzeitigkeit zeigen sich schließlich in den zunehmend gleichförmigeren dramaturgischen Universalia von Fernsehunterhaltung und Fernsehwerbung. Drei Aspekte möchte ich dabei hervorheben.

1. Der Charakter des Seriellen ist das einigende inhaltliche wie formale Element von Werbung und Programm. Die Gestaltungsprinzipien von Werbung und Serien haben auf vielfältige Weise ihre kongenialen Entsprechungen. Jene publikumswirksamen und massenattraktiven Familienserien und Soap-Operas sind ebenso wie die flankierenden Werbespots auf Konstanz und Invarianz aufgebaut. Bestimmte Sätze, Bilder und Einstellungen tauchen immer wieder auf. Die stereotype Identität der Personen, ob in Serien wie "Der Landarzt" oder beim Werbedentisten, ob als geplagte Famlienserien-Mutter oder reinigungssüchtige Hausfrau, bleibt erhalten. Es gibt ein vertrautes, stetiges Repertoire. Die familiären Umwelten, die Alltagskonflikte der "Glücklichen Familie", bei "Forstinspektor Buchholz", im "Büro Büro" oder im "Großstadtrevier" zeigen bekannte, wiedererkennbare Probleme mit erwartbaren Lösungen, so wie die Werbung vertraute, institutionalisierte Inhalte anbietet.

2. Werbung wie Serien kennen und nutzen die Qualität des Narrativen. Sie erzählen kleine Geschichten so sinnvoll geordnet, so melodramatisch aufgebaut, mit garantierten Lösungen, wie sie sich in der Wirklichkeit nie ereignen. Beide kultivieren mit vergleichbaren dramatur-

gischen Mitteln die momentane Illusion. Im Spot wie in der Serie herrscht eine Atmosphäre permanenter Erwartung - immer geschieht etwas, ohne daß es, wie in einer klassischen Erzählung, zu einem wirklichen Ende kommt. Die Filmkonventionen von Serie und Werbefilm haben ihre Entsprechungen und dies über den ganzen Abend hin. Die in den Serien zu beobachtende Zerstückelung von Zeit, die Fragmentierung von Geschehnissen und Abläufen haben ihre Entsprechung im "hektischen Stillstand" der Werbespots.

3. Die wohl konsequenteste Verschränkung von Werbung und Programm geschieht in den Game-Shows, Ratespielen, Spielshows, in denen die Essentials für zielgerichtete Werbestrategien unmißverständlich umgesetzt werden. Die Beziehung "Programm und Werbung" hat hier ihren reziproken Wert erreicht. "Der Preis ist heiß" (RTL plus), als Werbesendung deklariert, hat im Publikum längst die Funktion einer Partizipationssendung mit erhofften Belohnungen.

Die erfolgreiche Symbiose von Programm und Werbung hat ihre Funktion. Beide dienen dem trivialen Zeitvertreib. Beide bieten dem Publikum eine scheinbare Entlastung von Alltag und Anspannung. Mit den Geschichten und Bildern der Serien und Werbespots verfließt die Zeit so, als ob sie still stünde. Die stereotype Gleich*gültigkeit* der Werbeaussagen und der sie umgebenden Serien und Spielshows scheint das eigentlich Spannende und Attraktive zu sein. Vielleicht besteht die wesentliche Aufgabe der Werbefachleute und der Serienproduzenten weniger im Verkauf ihrer Produkte als vielmehr im Bereitstellen von Möglichkeiten, Zeit zu vertreiben, sich zu langweilen oder sinnlos zu vergnügen, ohne Schuld dabei zu empfinden.

Von Welle zu Welle wandern

Eine der auffälligsten Formen, sich gegen die lineare Programmzeit zu wenden, gegen die Beginn- und Endlosigkeit der seriellen Angebote, ist das Switching, Zapping oder Programhopping. Die Zuschauer zerzauseln und zerfleddern via Fernbedienung die Sendungen in eine Vielzahl sekundenkurzer Sequenzen. Eine Sekundärauswertung der GfK-Daten durch Mitarbeiter des Hans-Bredow-Instituts in Hamburg zeigte unter anderem, wie ein Zuschauer den Zeitraum zwischen 23.29 Uhr und 0.42 Uhr mit 28 Schaltungen zwischen den Programmen von RTL plus, SAT 1 und ARD zerstückelte.

Was wird dabei aus den Sinnstrukturen des Programms? Was bleibt vom Rhythmus, von der Argumentation, vom Aufbau der Sendungen? Ist die selbstgeschaffene Struktur kurzlebiger Überraschungen suggestiver? Inwieweit erleichtern die Standards und Codes der seriellen TV-Produktionen dieses Verhalten? Möglich, daß Switching und Zapping eine spielerisch-skeptische Distanz zum Gebotenen schaffen, ein fast unabsichtliches Widerstehen gegenüber den Wirkungsansprüchen des Fernsehens.

Mit den Informationssendungen, den Nachrichten, den Live-Sendungen der Unterhaltung wird dem Zuschauer die Illusion angeboten, in eine mehr oder weniger umfassende Gleichzeitigkeit eingebettet zu sein, an Ergebnissen teilzunehmen, die jetzt oder nur wenig vorher so geschehen sind. Eine Illusion, die ambivalente Bedeutungen bzw. Konsequenzen haben kann. Sie kann teilnahmslose, passive Rezeption fördern, die sich als weltoffenes Interesse camoufliert. Es ist aber auch eine Illusion, die notwendig scheint, um Gefühle des Dabeiseins, der Zugehörigkeit zu schaffen.

Die "überpräsenten" Darstellungsformen des Fernsehens haben für die Nutzung lapidare Konsequenzen. So wie sie einerseits zeitsparende Mittel der Informationsbereitstellung sind - alles ist zubereitet, geordnet, gefiltert, konsumierbar -, so sind sie andererseits auch zeitraubend: "Viel freie Zeit bedeutet viel Fernsehen" heißt ein Erfahrungssatz der empirischen Fernsehforschung.

Das Paradox der Gleichzeitigkeit in der Fernsehnutzung liegt in der medialen Vereinheitlichung des Differenten. Die Fernsehwelt ist die Mitteilung von sozialen Konstruktionen der Wirklichkeit, die - um sie zu verstehen, um sie in die individuelle Erfahrung zu integrieren - aufgelöst werden müssen. Das kann durch Gespräche, durch Nachdenken, durch Lektüre geschehen, aber dieses alles braucht wiederum Zeit. Eigene Zeit, die sich von der Zeit der TV-Nutzung absetzt und abhebt.

Das Fernsehen hat die Welt verfügbarer gemacht, hat Räume näher gerückt. Aber gerade die Verführungskraft, die im Simultanen, im Gleichzeitigen der Fernseherfahrung liegt, und in der scheinbar authentischen Darstellung der Ereignisse, fordert Eigenzeit zum Verstehen des Gesehenen.

Wie immer man mit den Modalitäten der Wirklichkeitsabbildungen des Fernsehens umgehen mag, es ergeben sich keine eindeutigen

Antworten. Einerseits mögen die aktuellen, den Ereignissen verhafteten Bilder verzerren, ein falsches Authentizitätsbewußtsein im Publikum schaffen. Andererseits haben wir alle auch die Erfahrung, wie die Bilder und Berichte aus den Hungerregionen Afrikas, von den leeren Regalen in Moskau und St. Petersburg, von den vom Napalm oder vom Senfgas Verletzten in Vietnam oder im Iran öffentliche Reaktionen gefördert und initiiert haben.

Fernsehbilder können auch Emotionen wecken, die in solidarisches Handeln umzusetzen sind.

Fernsehbilder können Geschichte beschleunigen, wie wir es jetzt in Osteuropa und der Sowjetunion erlebt haben.

Fernsehbilder können, trotz ihrer täglichen Appelle, nahezu wirkungslos bleiben - siehe die Berichte aus Kroatien, Slowenien, Serbien.

Fernsehbilder können dem quotenfördernden Voyeurismus dienen - wie die Lynchszenen aus Brasilien (Oktober 1991 bei RTL plus), die heuchlerisch mit Verweisen auf die Brandanschläge hier in der Bundesrepublik begründet wurden.

Das Fernsehen bleibt ein Medium, das wegen seiner Reichweite und Wirkungen in besonderer Weise auf treuhänderische Verantwortung verweist.

Literatur zum Thema:

Barth, A.: Im Reißwolf der Geschwindigkeit, in: Der Spiegel, Nr. 20/1989.

Boorstien, D.J.: Das Fernsehen verändert die menschliche Erfahrung; in: Fröhlich/Zitzelsperger/Franzmann (Hg.): Die verstellte Welt. Beiträge zur Medienökologie. S. 23-33. Frankfurt/Main 1988.

Bresser, K.: Was nun? Über Fernsehen, Moral und Journalisten. Hamburg/Zürich 1992.

Engell, L.: Vom Widerspruch zur Langeweile. Logische und temporale Begründungen des Fernsehens. Frankfurt/M./Bern 1989.

Foltin, H.-F.: Zur Entwicklung der Talkshow in den USA; in: Media Perspektiven 8/90, S. 477 ff. Frankfurt/M. 1990.

Hasebrink, U./Krotz, F.: Individuelle Nutzungsmuster von Fernsehzuschauern. Unveröff. Manuskript. Hamburg 1992.

Hickethier, K.: Überlegungen zur Konstruktion einer Fernsehtheorie; in: Hickethier/Schneider (Hg.): Fernsehtheorien. S. 15-27. Berlin 1992.

Hömberg, W.: Punkt, Kreis, Linie. Die Temporalstrukturen der Massenmedien und die Entdeckung der Zeit in der frühen Zeitungskunde; in: Hömberg/Schmolke (Hg.), a.a.O., S. 89-102, 1992.

Hömberg, W./Schmolke, M. (Hg.): Zeit, Raum, Kommunikation. Bd. 18 der Schriftenreihe der Deutschen Gesellschaft für Publizistik- und Kommunikationswissenschaft. München 1992.

Holbein, U.: Von den Wonnen des Voyeurs; in: DIE ZEIT v. 19. 9. 1991.

Jörg, S.: Sehen im Zeitraffer. Wie der Fernsehzuschauer die Welt wahrnimmt; in: Hömberg/Schmolke (Hg.), a.a.O., S. 277-285, 1992.

Meyrowitz, J.: Die Fernsehgesellschaft. Wirklichkeit und Identität im Medienzeitalter. Weinheim/Basel 1987.

Neverla, I.: Fernseh-Zeit. Zuschauer zwischen Zeitkalkül und Zeitvertreib. München 1992.

Neverla, I.: Mediennutzung zwischen Zeitkalkül und Muße; in: Hömberg/Schmolke (Hg.), a.a.O., S. 30-43, 1992.

Nowotny, H.: Eigenzeit. Entstehung und Strukturierung eines Zeitgefühls. Frankfurt/M. 1989.

Nowotny, H.: Kommunikation, Zeit, Öffentlichkeit; in: Hömberg/Schmolke, a.a.O., S. 9 ff.

Rothschild, T.: Vom Zynismus der Unbeteiligten; in: Abgeklärt und angepasst. Zynismus im journalistischen Alltag. Dokumentation einer Tagung in der Evangelischen Akademie Bad Boll, Protokolldienst 25/89, 1989.

Schneider, N.: Markt und Moral. Unveröff. Manuskript einer Vorlesung an der Universität Leipzig 1992.

Sennett, R.: Verfall und Ende des öffentlichen Lebens. Die Tyrannei der Intimität. Frankfurt/M. 1986.

Sichtermann, B.: Das Laster der Mediengeilheit; in: DIE ZEIT vom 21. Oktober 1988.

Sichtermann, B.: Weshalb das Fernsehen keinen rechten Spaß mehr macht; in: DIE ZEIT vom 10. April 1992.

Siemons, M.: Machen wir uns etwas vor. Wie die Rhetorik der Simulation den Alltag erobert; in: Frankfurter Allgemeine Zeitung vom 17. 9. 1988.

Strauss, B.: Beginnlosigkeit. München/Wien 1992.

Virilio, P.: Rasender Stillstand. München/Wien 1992.

Wechsler, U.: Wer überhaupt liest, versteht auch die Bilder; in: Frankfurter Allgemeine Zeitung vom 20. Mai 1989.

Winkler, H.: Eins, zwei, drei, vier-Switching: Die Installation der Tagtraummaschine; in: epd/Kirche und Rundfunk, Nr. 85 vom 27. 10. 1990.

Winterhoff-Spurk, P.: Fernsehen und Weltwissen. Der Einfluß von Medien auf Zeit-, Raum- und Personenschemata. Opladen 1989.

Jürgen Leinemann

Rekonstruktion der Wirklichkeit
Wie wird heute Geschichte erzählt? Am Beispiel des Mythos Berlin

Der Autor als Medium

Im Jahre 1991 habe ich eine umfangreiche Reportage über Berlin geschrieben, die als dreiteilige Serie im "Spiegel" erschien. Dabei habe ich nicht nur über Berlin eine Menge erfahren und gelernt und auch einiges über mich, sondern vor allem über journalistische Arbeit in einer historischen Umbruchsituation. Und damit natürlich vor allem auch über solche Begriffe wie Mythos und Realität, wie Geschichte und Heute, wie Wirklichkeit und ihre Rekonstruktion. Über diese Erfahrungen möchte ich berichten.

Daß einer als politischer Reporter, als gelernter Historiker zumal, ein halbes Jahr nach dem Fall der Mauer über Berlin schreiben wollte, muß nicht begründet werden, nicht damals und nicht heute. Daß hier die Werkstatt der deutschen Einheit sei, daß es hier zusammenwachse oder gar nicht - wir haben es alle noch im Ohr. Und es war ja auch wahr und ist es noch immer.

Für einen Reporter war es eine Traumsituation, wie immer, wenn äußere Geschichte und innerseelische Vorgänge so offenkundig zusammenfallen. Denn es gehört zu den Eigenarten der Reportage, daß sich - anders und intensiver als bei allen anderen journalistischen Formen, Kommentar inbegriffen - der Autor als Person selbst ins Spiel bringt. Der Schreiber ist sozusagen das Medium seiner Geschichte. Er beobachtet die Ereignisse nicht aus sicherer Entfernung, sondern er läßt sich gefühlsmäßig voll auf sie ein. Der Reporter lebt seine Story mit und setzt sich Erfahrungen aus.

Erst mit dem Schreiben rückt er das Erlebte auf Distanz; er trifft eine bewertende Auswahl und versucht für seine emotionale Bewegung eine angemessene Form zu finden. Die Biographie des Autors prägt seine Maßstäbe und Kriterien. Was er in seinem Leben erfahren hat, schlägt sich im Blick auf das Leben nieder und wird integraler Teil seiner Reportagen.

Was also hat der Autor Leinemann, geboren 1937, in seine Berlin-Geschichte eingebracht und sie damit unverwechselbar gefärbt? Drei Aspekte seien hervorgehoben: Einmal sind da seine Kleinstadt-Träume. Aufgewachsen und herangebildet in einer niedersächsischen Kleinstadt während der muffigen 50er Jahre, war Berlin für ihn immer Symbol für Leben, Freiheit und Abenteuer. Das blieb selbst dann noch so, als er dort schon eine Weile lebte und es besser hätte wissen können. Urbanität ist ihm bis heute die attraktivste Lebensform geblieben. Und er lebt wieder in Berlin.

Zweitens hat er mitgebracht das Wort "gewaltig". Das pflegte sein Vater wie in Trance auszusprechen, sobald die Rede auf Berlin kam. Einmal ist Vater Leinemann im Jahre 1929 für ganze zwei Tage dort gewesen. Aber für immer hat ihn die Gewalt dieser Stadt beeindruckt. Der Verkehr: gewaltig. Das Häusermeer: gewaltig. Die Menschenmassen: gewaltig. Etwas von diesem Respekt, wenn auch relativiert durch Schrecken und Zorn, durch Trauer und Spott, ist, glaube ich, bis heute dem Sohn geblieben. Und unübersehbar ist er anwesend in der Geschichte. Die Recherche hat diesen Eindruck übrigens erhärtet - alles, was in Berlin geschieht, scheint immer zugleich auch über sich hinauszuweisen, hat eine Tendenz, mehr zu bedeuten, als es ist.

Vor allem aber brachte der Autor eine geradezu verbissene und noch immer frische Neugier darauf mit, wie Geschichte sich wohl anfühlt, wenn sie gerade geschieht. Nie hatte er glauben mögen, daß sie den Menschen - wie ihm alle während seiner Jugend erzählten - immer nur als "von oben" ausgelöstes Schicksal widerfährt, wogegen keiner etwas ausrichten kann, wie man sich hinterher zu versichern nicht müde wird. Deswegen hatte er Geschichte studiert. Und nicht zuletzt deswegen ist er Journalist geworden. Seine erste richtige Stelle trat er 1963 an, in Berlin.

Geschichte von unten

Damals, zwei Jahre nach dem Bau der Mauer, gehörte es zu meinen Aufgaben, im Auftrage einer Presseagentur fremde Potentaten dabei zu belauschen, wie sie auf einer Holztribüne am Potsdamer Platz in Anwesenheit des Regierenden Bürgermeisters Willy Brandt Abscheu und Empörung über die Schandmauer absonderten. Das war fester Bestandteil des Protokolls aller westlicher Berlin-Besucher, gleichwohl war es nie Routine.

Denn - ob Seku Touré oder Martin Luther King, ob Robert Kennedy oder Moise Tschombé, ihnen allen fuhr sichtbar der Schreck in die Glieder, während sie wortlos über die kahle Wüstenei hinter dem Betonwall starrten, die einmal Europas belebtester Platz gewesen war. Und mochten auch die durch Ferngläser zurückstarrenden bewaffneten Grenzer ihren eigenen Schrecken verbreiten - die eigentliche Faszination, das erlebte ich schon damals, war das, was man nicht sah. Was im Kopf an Erinnerungen, Vorstellungen, Phantasien ablief, während das Auge über die Ödnis glitt, das mobilisierte die Empfindung; die Ahnung oder das Wissen, daß alles ganz anders ist als der Augenschein.

Auf solche Eindrücke ist am Potsdamer Platz Verlaß, bis heute. Ein Zufall war es deshalb nicht, daß meine konzeptionellen Überlegungen immer von dieser "leeren Mitte" der Stadt ausgingen. Denn auch ohne Mauer ist dieses Ödland im Zentrum der Millionenstadt Berlin ein Ort von suggestiver Symbolkraft. Immer weißt du mehr als du siehst, immer fühlst du mehr als du weißt.

Du sitzt auf einem Sandhaufen im Niemandsland, von dem im Winter Kinder rodeln, und weißt zugleich, daß dies der Luftschacht des ehemaligen großen Führerbunkers ist, der 27 Meter tief unter der Erde lag, 120 Meter lang, geschützt durch zwei Meter hohe Decken. Vielleicht haben hier ja die verkohlten Leichen von Adolf Hitler und Eva Braun gelegen?

Du blickst zurück auf eine ziemlich belanglose Wohnsiedlung der gehobenen Ostberliner Plattenbau-Art und weißt, daß da einst Regierungsbauten der Wilhelmstraße standen; daß etwa dort, von wo heute das frühere Politbüro-Mitglied Günter Schabowski auf diesen Platz guckt und eine ziemlich veränderte Welt mit völlig veränderten Blikken wahrnimmt, früher einmal Bismarck hinter einer grünen Gardine gesessen hat. Der fühlte sich da auch nie wohl.

Und dann blickst du in die andere Richtung: Und dort irgendwo, wo bald die Bürotürme von Daimler-Benz hochragen werden, hat einst Theodor Fontane gewohnt, Potsdamer Straße 134 c, drei Treppen rechts. Da war Café Vaterland, da muß der ehemalige Volksgerichtshof des schrecklichen Freisler gestanden haben, dort die Reichskanzlei. Jetzt ist alles weg. "Mißtraut den Grünanlagen", gibt der Ostberliner Schriftsteller Heiner Knobloch allen Berlinerkundern mit auf den Weg.

Optisch mag das hier die "leere Mitte" der Stadt sein, archäologisch ist es eine Art preußisches Troja, politisch der "Zentralfriedhof der neueren deutschen Geschichte", auf dem es noch heftig herumgeistert. Hier west der Mythos Berlin, der einfache Erklärungen und Deutungen feilbietet für übermächtige und unbewältigte Erlebnisse. "Anders als Rom oder Jerusalem", habe ich in meiner Geschichte geschrieben, "ist das junge Berlin nicht eigentlich ein mythischer Ort. Aber hundert Jahre haben genügt, diese Stadt so zu zerschlagen, daß sie geradezu gepflastert ist mit symbolträchtigen Resten einer unverarbeiteten Vergangenheit."

Daß diese Reste überall zu besichtigen sind, daß sich in Ruinen, Szenen, Gesichtern und Symbolen die "klaffende Geschichte" Deutschlands nachlesen läßt, wie es Wolfgang Thierse ausdrückt, das faszinierte nicht nur mich, sondern auch meine Kollegin Monika Zucht, die versucht hat, die Allgegenwart von Geschichte in Berlin mit aktuellen Bildern zu belegen. Wir wollten keine Archivbilder - wir wollten Historie live.

In gut drei Monaten Recherche durchstreifte ich die Stadt, redete mit hunderten Menschen, mit manchen viele Stunden lang, las, notierte, grübelte. Aus den Fotos von Monika Zucht erwuchsen neue Eindrücke, aus solchen Eindrücken neue Fotos.

In dieser Phase des Sammelns von Informationen gibt es keine Freizeit und kein Privatleben - jeder Theaterbesuch, jeder Einkauf, jede Schlagzeile, jeder Song und jedes Video, alles ist Recherche, selbst die eigene Befindlichkeit.

Es waren hektische Wochen. Aggressivität, Depression und Ängste, die nach dem Fall der Mauer die Stimmung in beiden Teilen der Stadt einzufärben begannen, schlugen ins eigene Heim durch - meine Frau reagierte auf die nervöse Unruhe ringsumher mit Fluchtwünschen, in mir mobilisierte die Lösung der eingemauerten Erstarrung neue Energien.

Zwei sehr unterschiedliche Berlin-Umrisse zeichneten sich am Ende dieser Phase ab. Einmal bekam die Millionenstadt durch harte Fakten und Daten eine solide Kontur: Statistiken, Jahreszahlen, Umfragen, alles, was für einen anständigen Nachrichtenjournalisten Recherche bedeutet, versprach Sicherheit. Ich wollte wissen, erfuhr und konnte weitergeben: Wie groß Berlin ist, wann gegründet und wann zerdeppert durch wieviele Bomben; wieviele Schrebergärten es heute gibt und wieviele Arbeitslose, im Osten und im Westen, und wieviele Autos sich auf wieviel Kilometern zubetonierter Fläche stauen. Sonderbar genug, je mehr dieser Fakten ich aneinanderfügte, desto ähnlicher begann Berlin anderen Großstädten zu werden, sah man mal von der Teilung ab, aber die war ja nun vorbei.

Realität auf zwei Ebenen

Nur - die anderen Informationen, die "weichen" Fakten, wie ich sie mal nennen will, die sprachen eine ganz andere Sprache. Jeder Berliner und jeder Berlinbesucher, so lassen Gespräche, Briefe, Tagebücher, Poesiealben, Filme, Videos ahnen, trägt offenbar sein ganz eigenes Stadtbild im Kopf herum. Jeder hängt an ein paar Erinnerungen, Menschen, Melodien, Szenen - an eine Straßenecke oder eine Kneipe, einen Bombenangriff oder eine Grenzkontrolle - seine eigene emotionale Berlinlandschaft. All diese Bilder signalisieren oder symbolisieren eher einen Zustand, ja, ein Lebensgefühl und eine Lebenshaltung als eine Stadt. Aber auch diese Gefühlsbilder, behaupte ich, sind wirkliche Wirklichkeit, sind beinharte Berlin-Realität.

Tatsächlich ist es ja auch nicht so - nicht in Berlin und nicht anderswo - , daß die Medien nur den sogenannten rationalen Diskurs mit der Welt der gesicherten Fakten führten, mit einer angeblich von den Beobachtern unabhängigen, objektiven Wirklichkeit. Obwohl Pressemenschen gern so tun, als gäbe es diese journalistisch erfaßbare, klar umrissen den Lesern vermittelbare Welt "irgendwo da draußen". Das macht das Leben einfacher.

Wer freilich genau hinguckt, der kann als Leser sehr wohl erkennen, daß ihm auch in den seriösen Nachrichtenblättern Realität auf doppelter Ebene nahegebracht wird. Denn stets läuft neben den offiziösen Mitteilungen ein den Teilnehmern oft nicht bewußter, gleichwohl aber sehr intensiv geführter emotionaler Diskurs ab, der deutlich wird in Sprachbildern, in Titelbildern, in Karikaturen, in Schlagzeilen. Das ist sozusagen die Körpersprache der Gesellschaft.

Hier tauchen sie auf, die Ängste und Aggressionen gegenüber der "grauen Flut" aus dem Osten oder wider die Hochnäsigkeit der Besserwessis; Trabbi-Witze und Wünsche nach einer neuen Mauer spiegeln die Gefühlslage wider, die das Berliner Gemüt verdüstern. Wer könnte ihre Wirklichkeit übersehen?

Diese beiden Ebenen der Berichterstattung zu verbinden, die unterschwellig transportierte Gefühlswelt nicht nur sichtbar zu machen und ernstzunehmen, sondern sie auch zu analysieren und rational zu nutzen - das ist die Hauptleistung von Reportage. Der Reporter muß versuchen, alle bei seinen Recherchen wahrgenommenen Daten und Stimmungen zu einer einzigen Geschichte zusammenzufügen. Seine eigentliche Botschaft heißt: Was da passiert, geht euch an. Was da geschieht, geschieht nicht nur vor eurer Haustür, es ist eure Geschichte.

Methoden des Erzählens

Wie macht der Reporter das? Über seine Haltung der emotionalen Offenheit, seine Bereitschaft also, Journalismus als - bisweilen schmerzhafte - Selbsterfahrung zu betreiben, habe ich schon gesprochen. Für mich bedeutet Reportage in dieser Zeit sich auflösender Strukturen, Gewißheiten und Utopien immer auch einen Versuch, mich lernend in der Welt zu orientieren und Ergebnis wie Methode dieser Erkundung weiterzugeben.

Natürlich war die Berlin-Geschichte ein Stück Identitätssuche - die "leere Mitte", so scheint mir, könnte nicht nur eine Chance für Berlin und Deutschland sein. Ich habe sie auch als eine Suchaufforderung empfunden, die sich an jeden politisch denkenden Menschen in dieser so unerwartet vereinigten Republik richtet.

Der Rest ist Technik - eine Erzähl-Methode, für die Ende der 60er, Anfang der 70er Jahre in den USA der Terminus New Journalism in Mode kam. Ich habe diesen Stil damals als junger Korrespondent in Washington kennen- und bewundern gelernt. Ich habe viele solcher Geschichten gelesen - von Hunter S. Thomson und Garry Wills, Truman Capote und Norman Mailer - sie freilich zu kopieren oder auch nur als Modell zu benutzen, das ließ die biedere Tante dpa nun doch nicht zu.

Wie sehr ich den New Journalism aber offenbar verinnerlicht habe, darauf bin ich gestoßen, als mir dieser Tage ein Aufsatz von Tom Wolfe in die Hände geriet, dem Autor des New-York-Romans "Fegefeuer der Eitelkeiten". Der auch als Journalist überaus erfolgreiche Wolfe bringt die stilistische Eigenart des New Journalism auf einen simplen Nenner: Die Reporter der 70er Jahre in den USA hätten einfach die Erzähl-Methoden des realistischen Romans im 19. Jahrhundert abgeguckt und für ihr journalistisches Geschäft ausgebeutet. Vom naturalistischen Dialog über atmosphärisch dichte szenische Beschreibungen bis zum liebevollen symbolträchtigen Detail, was immer den Herren Balzac und Dickens, Gogol und Fontane als handwerkliches Mittel zur Beschreibung der gesellschaftlichen Realität ihrer Zeit wichtig war, darauf konnten ihre Nachfolger in den letzten dreißig Jahren offenbar verzichten. Das Handwerkszeug, das für den modernen Roman nicht taugte, lag daher, folgt man Tom Wolfe, zum Zugriff für die Journalistenzunft bereit.

Tatsächlich verwandte ich in der Berlin-Reportage diese Techniken reichlich, ohne daß ich mir über die Herkunft einen Kopf gemacht hätte, wie sie in Berlin sagen, in Ostberlin. Zum Beispiel gehört zu diesen Stilmitteln die Methode, die Geschichte nicht distanziert im Ton eines gleichmütigen Betrachters zu erzählen, sondern den Leser an die Hand zu nehmen und ihn von Szene zu Szene zu führen, ihn ständig in Bewegung zu halten, um ihm so das Berliner Tempo nahezubringen. Wichtig ist auch, das Interesse des Lesers vor Ort immer wieder ganz neu und anders zu verankern - mit neuen Szenen, an immer anderen Personen, an immer neuen Orten, die ein Stück Berlin detailliert beschreiben. Ein anderes, ganz wichtiges Mittel sind Gesprächsausschnitte, Dialoge, Teile von Lebensberichten, Augenzeugendarstellungen. Kaum etwas charakterisiert Personen und ihre soziale Umwelt so zuverlässig wie ihre Originalsprache.

Von den erzählenden Altmeistern vertraut ist auch die Technik, die Erzählung aus jeweils unterschiedlicher emotionaler Befindlichkeit heraus zu kolorieren - Berlin mal mit den Augen des Ossis zu sehen, mal mit den Worten der Wessis zu beschreiben. Mal redet der Kiezbewohner von Schöneberg über sein Berlin, mal der Hausbesetzer aus Friedrichshain, mal kommen die Herrschaften von der Schwäbischen Alb zu Wort, die sich in Kreuzberg eine außerordentlich ländliche Alternativ-Szene eingerichtet hatten. Oder es klagt - sozusagen im Namen des ewigen Preußen - der Verleger und Publizist Wolf Jobst Siedler, der symbolträchtig versucht, "das amorphe Berlin" in eine preußische Fassung zu bringen (alle kursiv gedruckten Passagen sind übernommen aus der Buchausgabe der Berlin-Reportagen: Jürgen Leinemann, Der gemütliche Moloch. Zwei Berlin auf dem Weg zu einer Hauptstadt. Berlin 1991):

Der exquisite Kenner und traurige Verächter der heutigen Stadt hat sich ein Bild mit diesem Namen, grauflächig, menschenleer und düster, mit harten schwarzen Konturen bei seinem Freund, dem Maler Klaus Fußmann, bestellt, um es in einen schweren goldenen Rahmen von Schinkel zu zwingen, ein Erbstück. Davor empfängt Siedler jetzt in seinem Verlag Gäste, die Stimmung dem Bild angemessen, die Haltung dem Rahmen.

In fritzisch anmutender Gestrafftheit einer schweren Krankheit trotzend, ergrimmt ihn der Zustand "dieser verwirrenden Stadt" und seines Führungspersonals. Aber wie sollte es auch anders sein? Melancholisch zitiert sich Siedler aus dem Gedächtnis: die Juden vertrieben, der Adel geflohen, das Bürgertum verweht. Er seufzt. Längst hat Wolf Jobst Siedler sich selbst zum Symbol stilisiert, und er spielt seinen Part nicht ohne ironischen Unterton. Hat er nicht jedes Wort schon viel zu oft in zuvielen Abhandlungen zu Papier gebracht? Keine Arnims mehr, keine Mendelssohns, kein Liebermann ...

Nur er, fügt der Zuhörer insgeheim ergriffen hinzu, der Ur-Urenkel des großen Gottfried Schadow, dessen doppeltlebensgroße Siegesgöttin im Streitwagen der Quadriga auf dem Brandenburger Tor "den Triumph des Friedens" symbolisieren sollte. Und das seit 1794 in höchst kriegerischen Zeiten. Nun liegt auch sie, getreten und mißhandelt von Einheitsfans, vom Rost und sauren Regen angefressen, zur Reparatur am Boden. Aber bald wird sie wieder oben stehen, mit Eisernem Kreuz sogar.

"Vielleicht", wagt Siedler einen bescheidenen Ausfall gegen seine eigene Überzeugung, "kommt aus dem jetzigen Chaos ja doch noch mal was." Er glaubt es nicht, aber er gibt auch nicht auf. Müde lächelnd blickt er über seine Empire-Möbel und Schadow-Büsten. "Ach ja, Berlin", sagt er dann, "ein hinreißendes Stück." Und nach kurzer kunstvoller Pause setzt er hinzu: "Mit einer schlechten Besetzung."

Berlin in der Sprache der Berliner

Nie ist Sprache nur Verständigungsmittel untereinander, sondern immer ist sie auch Statussymbol nach außen, gehört also zu jenen Signalen, die soziale Verhaltensweisen und -gewohnheiten, geschichtliche Eigenarten und atmosphärische Unterschiede zwischen einzelnen Bürgern, Gruppen und Stadtteilen kennzeichnen. Berlin, wie es spricht also, und Berlin, wie es mit und über sich reden läßt. Sprache, so ist mir gerade an dieser Stadt deutlich geworden, spiegelt nicht nur Wirklichkeit, sie ist sie manchmal selbst, ja sie vermag sogar neue Realitäten zu stiften.

Bei der Beschreibung Westberlins vor allem habe ich versucht, eine Wechselwirkung zwischen literarisch-filmisch-symbolischen Mustern und der Wirklichkeit aufzuzeigen. Wenn zum Beispiel Siegfried Kracauer 1931 den Kurfürstendamm beschreibt mit Worten, die unverändert die Situation sechzig Jahre und ein paar Weltuntergänge später treffen, wenn überhaupt die Dichter-Sprache aus dem Romanischen Café heute noch immer die Wirklichkeit des Kudamms wiederzugeben in der Lage ist, dann fragt sich nicht so sehr, denke ich, wie genau ist diese Sprache gewesen, sondern eher fragt sich, wie unverwechselbar soll Kudamm-Wirklichkeit denn sein?

Ist präzise Kenntlichkeit überhaupt erwünscht und jemals angestrebt gewesen? Oder ist gerade diese Austauschbarkeit, der schnelle Wechsel, das Flair - mehr Stimmung als festgeschriebene Situation - das Wunsch-Charakteristikum dieser Metropolen-Atmosphäre? Weil es, wie Alfred Polgar geschrieben hat, "den Kreislauf des Geldes beschleunigt und die Erwerbsdrüsen sowie auch die Sinnlichkeit kräftig anregt"?

Bis heute geblieben ist jedenfalls die Neigung, all die unverarbeiteten Erfahrungen von Tempo und Fremdheit, die Brüche und den schnellen Wechsel zwischen Aufbau und Zerstörung, Lebensgier und Lebensekel, Freude und Überdruß in Bildern und Metaphern festzuhalten, die sich vor allem im Expressionismus verdichtet haben. Sie geben noch immer vor, Berliner Wirklichkeit zu beschreiben. Oft aber verbauen sie nur den Blick auf die Realität oder verführen gar dazu, das Leben ihnen nachzustellen. Die Erfinder von "Berliner Witz" und "Berliner Tempo" dabei zu erleben, wie sie derzeit nach Jahren selbstmitleidiger Mauer-Gemütlichkeit ächzend ihren alten Ruf wieder aufzupolieren versuchen - das ist nicht ohne Reiz.

Schnelle Wechsel, abrupte Übergänge, brutale Kontraste und Dissonanzen sind aber keine Berliner Spezialitäten. Das sind Merkmale von Metropolen und Millionenstädten überall in der Welt. Sie werden kontrastiert vom gleichmacherischen Marktgeschrei der Reklame, dem einebnenden Gebrüll des Verkehrs, dem Gestank und Dunst, der sich über den Straßen ballt. Die rasant inszenierte Hektik des Lebens, eine theatralische Monotonie schriller Effekte erzeugt eine Atmosphäre vager Unwirklichkeit, die in New York nicht viel anders ist als in Seoul, Rom oder Mexico City - das Leben, ein weltweiter Videoclip, jede Softdrink-Reklame führt diese Art von Großstadtwirklichkeit vor.

Und doch haben die Berliner dieses Gefühl, daß nichts direkt stimmt, wenn auch alles irgendwie vertraut ist, daß die Konturen der Realität verschwimmen oder zerbröseln im märkischen Sand, schon immer besonders intensiv empfunden. Das hat, mutmaßen Philosophen und Feuilletonisten, seit jeher zu tun mit dem fiebrigen Wachstum dieser Stadt, das immer zugleich auch Zerstörung war.

Nun steht an ihren Hauswänden: "Die Wirklichkeit ist härter als die Realität." Seit dem Fall der Mauer irren die Berliner durch ihre eigene Stadt wie Fremde. Nichts ist mehr wie früher, Lebens- und Stadtpläne sind über Nacht Makulatur geworden.

Der Versuch einer verbalen Rekonstruktion Berliner Wirklichkeit nach der Vereinigung wird so über weite Strecken zur Beschreibung von Berlinern, die mal pampig und mal weinerlich nach Worten für ihre veränderte Situation suchen. Ich zitiere wieder:

Noch sind die Bilder stärker als die Worte. "Det hat wat von Kino", staunt Thomas Heise, ein junger Filmemacher, den eine Art Brecht-Uniform - schwarze Lederjacke, Cäsaren-Fransen in der Stirn - als Ostberliner Intellektuellen ausweist. Spöttisch blickt er sich in der palmen-verstellten coolen Marmorpracht des Dom-Hotels am Gendarmenmarkt um, hört den künstlichen Wasserfall rauschen und die Teemusik der Goldenen zwanziger Jahre vom weißen Flügel plätschern.

In der Tat wirken die Foyers der einst als Devisen-Fallen aufgeplusterten Nobel-Hotels wie Filmkulissen der Ufa. Aber Heise meint nicht nur den goldenen Talmiglanz in seinem östlichen Berlin. Den gab es vor dem Fall der Mauer auch. Er ist noch dabei zu verarbeiten, daß die Wege zwischen zwei Welten plötzlich so kurz geworden sind. Daß man weitergeht, wo einst die Straßen zubetoniert waren, und es ist "wie wenn man durch einen Spiegel läuft - alles seitenverkehrt". Er fühlt sich ganz konkret orientierungslos und existentiell unwohl.

Der Lebensmittelladen in seiner Straße ist jetzt ein Pornoshop, und er sitzt im Café Kranzler auf dem Kudamm neben einer Oma aus Oranienburg und löffelt Eis. So harte Schnitte, solche Erlebnisbrüche sind schon schwer genug zu verkraften. Das irritierendste aber ist, daß die

Stadt durch 40 Jahre Teilung sich nicht nur fremd geworden, sondern zugleich auch ähnlich geblieben ist. Sie wurde in zwei Teile zerrissen und hat sich damit auch verdoppelt.

Allerdings bemerkten nur aufmerksame Ostbesucher wie der Schriftsteller Peter Schneider, daß Berlin eine "siamesische Stadt" geworden war. In seinem Roman "Der Mauerspringer" hat er, lange vor der Vereinigung, beschrieben, wie dem Wessi in Ostberlin Mülltonnen, Treppenhäuser, Türklinken, Heizkörper, Lampenschirme und Tapeten ein Gefühl vollkommender Bekanntheit vermitteln. Selbst das "gedämpfte mißtrauische Leben drüben", scheint ihm "zum Gähnen vertraut". Er nennt den Osten eine Schattenstadt von Westberlin, "eine Nachgeburt, die Notausgabe".

Zerbrochene Mauer - gebrochene Wirklichkeit

Die Mauer, stellt sich im Nachhinein heraus, war als Ordnungsfaktor für beide Seiten wichtig - da wußte jeder, wer und was wohin gehörte. Die betonierte Trennung zwischen Hüben und Drüben schützte die meisten Berliner vor allzu verwirrenden Eindrücken.

Aus dem vierten Stock des schön renovierten gelben Barockhauses in der Friedrichstraße Nummer 206 schickte der Kreuzberger Maler Ulrich Baehr zwar seine "phantasiegeladenen Blicke" hinüber zu den Domkuppeln am Gendarmenmarkt, die unerreichbar in fünf Gehminuten-Ferne über den Dächern schwebten. "Das ist Berlin", pflegte er Freunden zu erklären. Aber er malte die graue Monotonie der Plattenbauten, schrundigen Fassaden, lieblosen Hof-Baracken und steilen Brandmauern direkt gegenüber. Das war der real existierende Sozialismus. Und er selbst blieb draußen vor, "lebte wie vor den Toren der Stadt". Das war Weltpolitik.

Denn Ulrich Baehr wohnte direkt über dem "Checkpoint Charlie". Tag und Nacht sah er den Torwächtern zu, malte den Ort und ließ die Vopos auf seinen Bildern verschwinden. Auf seinen beklemmenden Aquarellen und Ölbildern wirkt dieses "Terrain magischer Monotonie", wie der nebenan arbeitende "taz"-Kolumnist Klaus Hartung den Mauer-Übergang für Ausländer nennt, als sei hier eine anonyme Verwüstung eingebrochen. Was bleibt, ist symbolisch aufgeladener leerer Raum, Autos beleuchtet vom gelbfahlen Licht der Bogenlampen.

Heute braucht man schon die Orientierung an der Malerei von einst, um die Alptraum-Szenerie aus Wachttürmen und Betonblöcken, Sperrzäunen, Mauersegmenten und Schlagbäumen nachvollziehen zu können. Der Ort ist banal geworden - ein paar olivgrüne Dachgerüste liegen noch lange herum, weiße Straßenmarkierungen, von niemandem beachtet, weisen in sinnloses Abseits. Undeutlich werden alte Verkehrsführungen und Straßenkonturen sichtbar. Im schnellem Tempo passieren Fahrzeuge den Platz in beiden Richtungen.

Ulrich Baehr lebt nun mitten in Berlin, die "Postmoderne" von Kreuzberg im Rücken, die "Prämoderne" des alten Zentrums vor Augen. Mit dem Fahrrad fährt er zum Alexanderplatz, um Landeier und Honig auf dem Markt zu kaufen. Zu Fuß geht er die Friedrichstraße hinauf ins Deutsche Theater oder ins Brecht-Ensemble am Schiffbauer Damm.

Hauptstadt Berlin? Metropole Europas? Baehr ist die aufgeblähte Symbolik seiner Ausflüge bewußt. Das seien vielleicht nur "sentimentale Gesten der Solidarität", entschuldigt er sich. "In den Köpfen der Menschen wird die Teilung noch zehn Jahre dauern."

Die Belege dafür, daß die alten Wirklichkeiten zerbrochen sind, aber neue sich noch nicht herausgebildet haben, finden sich überall. Verwirrung, Gereiztheit, Fremdheit sind die Folge:

Wenn in dem Doppeldecker-Bus der Linie 100, der seit Oktober 1990 zwischen den alten Zentren der geteilten Stadt verkehrt - dem Bahnhof Zoo im Westen und dem Alexanderplatz im Osten - der Fahrer die Stationen Karl-Liebknecht-Straße oder Marx-Engels-Forum ausruft, fahren noch immer Westberliner erschrocken zusammen oder feixen triumphierend, als hätten sie nun endgültig im Klassenkampf gesiegt. Umgekehrt ist die Fahrt mit dem "Hunderter" für die Ostberliner Journalistin Jutta Voigt ein "Horrortrip": "Wenn ich diese Namen höre - Reichstag, Scheidemannstraße, Landwehrkanal - dann graust es mir, es ekelt mich richtig."

Andererseits wächst plötzlich auch manches zusammen, was schwerlich zusammengehört. Neue Erfahrungen ergeben sich aus neuen, manchmal gewaltsam entstandenen Nachbarschaften:

Pastor Gerhard Cyrus, 58, von der Galilea-Kirche in Friedrichshain, hätte jedenfalls nicht geglaubt, daß er ausgerechnet mit Hausbesetzern aus Westdeutschland "einen Lernprozeß im Schnellverfahren" durchlaufen würde - "erst habe ich den nämlich nur von denen verlangt." Der bedächtige, tiefstapelnd bieder wirkende Greifswalder Cyrus ist zunächst befremdet und verärgert über "die aggressive Weise des Inbesitznehmens", mit der die struppigen Figuren aus Bayern, Hessen und Schwaben in sein still vor sich hin zerfallendes Viertel um Rigaer und Mainzer Straße einbrechen. Parolen gegen Miethaie und Mercedes - "Denn ein westlicher Konzern hat den Krieg besonders gern" - irritieren ihn. Wen wollen die denn herausfordern? Wohnen hier etwa Miethaie? Fährt hier einer einen Daimler? Und warum verrammeln sie ihre Treppen mit Barrieren und ketten die Türen mit Gittern zu? Wozu bunkern sie sich ein in Wehrdörfern mitten in der Stadt?

Das hat Cyrus seine neuen Nachbarn vorwurfsvoll gefragt. Und dann hat der Pastor, der 1976 aus Mecklenburg nach Berlin gezogen ist, weil ihm auf dem Lande "das Unbekannte" fehlte, das "plötzliche Aufreißen von Horizonten", den Besetzern zu erzählen versucht, wo sie sich eigentlich eingenistet haben. Er zeigt ihnen die blauen Schilder an den Häusern in seinem Viertel, die an proletarische Widerständler erinnern, die von den Nazis ermordet wurden. Er erzählt ihnen, daß der SPD-Bezirksbürgermeister Helios Mendiburu, den Besetzer mit Eiern bewarfen, zwei Jahre im SED-Knast gesessen hat, weil er ein unbequemer, hoch idealistischer und streitbarer Mann ist. Als Kind ist Mendiburu nach Berlin gekommen, mit seiner spanischen Mutter, die gegen Franco kämpfte. Sein Vater fiel im Widerstand gegen die Nazis in Frankreich.

Und Pastor Cyrus erzählte auch von sich selbst und seiner konservativen Gemeinde, die er nach zähem Ringen dafür gewinnen konnte, in der Galilea-Kirche während des Honecker-Regimes einen Freiraum für "anpassungsunwillige Jugendliche" offenzuhalten - Hippies, Grüne, politische Oppositionelle, Punks, Künstler fanden hier einen Schutzraum. "Wir haben eine andere Geschichte, begreif das doch mal, das sind doch unsere Leute in den Rathäusern", hat der Geistliche den Neuen eingebleut. Und allmählich sei den meisten auch klargeworden, "daß sie hier nicht auf Leute stoßen, die auf Gewinn aus sind."

Aber auch dem Pastor ist Neues klargeworden. "Hey, Cyri", sagen die Eindringlinge, wenn sie bei ihm im Gemeindesaal Ravioli futtern, "du mußt auch was schnallen." Sie geben ihm die Geschichte der Hausbe-

setzungen zu lesen, von Amsterdam bis Kreuzberg. Sie haben ihm verklickert, daß "Leerstand in alten Häusern Methode ist, Politik". Sie haben ihm den brutalen, bürgerkriegsähnlichen Aufmarsch der Staatsmacht in der Mainzer Straße genauso vorhergesagt wie die Verweigerung jener unbefristeten Mietverträge, die Mendiburu ihnen versprochen hatte. Heute sagt Pastor Cyrus: "Sie haben eigentlich in allem recht gehabt."

Metropolis - ein Bekenntnis

Mehr schlecht als recht richten sich Ossis und Wessis nebeneinander in ihrer frisch geeinten Hauptstadt ein. Der Trend geht - ein Jahr nach der Niederschrift oder stärker noch als damals - in Richtung Abschottung; wir bleiben unter uns. Macht es Sinn, dagegen mit den "poetisch-kryptischen Zeichen" einer poppig-grellen Kunstausstellung anzukämpfen? Der gebürtige Grieche Christos Joachimides, 58, hat es geglaubt und glaubt es noch immer. Und in der Reportage folge ich ihm darin:

Seine Show "Metropolis" schillert über der Depression Berlins und dem Angstschweiß, den die verfallene Stadtlandschaft ringsherum ausdünstet, wie ein utopisches Signal. "Metropolis", das ist Berlin, wie es sein sollte: ein Ort architektonischer Großwettbewerbe, eine Stätte der Auseinandersetzung mit Fremdheit und Gewalt, ein Zentrum der Vermittlung und Reibung in allen Bereichen, ein Signal gegen Provinzialismus und ein Ort der Identität für Deutsche und Europäer: "Wahrnehmen, was man war und was man ist. Wir sind doch nicht vom Himmel gefallen."

Wir? Wieso gerade Joachimides als Grieche? Wieso nicht? funkeln seine Augen. "Ich bin Berliner mehr als Herr Diepgen." Mit zehn Jahren ist er aus Athen nach Deutschland gekommen, in Heidelberg studierte er Kunstgeschichte. Und tatsächlich hat er seinen Berliner Mitbürgern nicht nur den prächtigen "Gropius"-Bau miterstritten, der zweimal zu Schotter für eine Autoschnellstraße zerkleinert werden sollte, sondern vor allem hat das dazu geführt, daß auch die "Topographie des Terrors" zugänglich gemacht wurde, die unmittelbar neben dem prunkvoll restaurierten Bau aus der Wilhelminischen Zeit unter einem verwilderten Grundstück verbuddelt gewesen war: Die Folterzellen der SS und der Gestapo im Reichssicherheitshauptamt.

Sie lagen unmittelbar am Fuße der Mauer, die auch den Haupteingang des Gropius-Baus versiegelte. "Als wir 'Zeitgeist' machten, eine spektakuläre Kunstausstellung zehn Jahre früher, "war hier das Ende der Welt noch physisch zu erfahren", erzählt Joachimides.

Angewidert gestikulierend weist der Grieche aus dem Fenster seines Büros auf das Ödland in Richtung Potsdamer Platz: "Das ist eine Frankenstein-Stadt. Eine Kraterlandschaft." Stundenlang kann er sich am Stück erregen, über "den Kiez, diese miefige warme Wohnstube Westberlins" und über die Trostlosigkeit "Jenseits des Grabens": "Ich gehe selbst nicht rüber, nicht mal auf ein Bier. Es gefällt mir einfach nicht." Stattdessen macht er "Metropolis". Und der "Erlebnischarakter der Kunst", den Joachimides versprochen hatte, erschließt tatsächlich aufregende Dimensionen. Denn im grellroten Zimmer von Katharina Fritsch, während hohl ein Tonbandwind "Kamingeräusche" produzierte, verschmilzt das Ambiente der Show mit der historischen Szenerie unter dem Fenster: Dort ist ein unmittelbar über den Gestapo-Zellen stehendes Stück Mauer eingezäunt und erhalten.

So hat Joachimides es gewollt: Verbrechen und Elend neben Clownerie und Kitsch, Pop und preußischer Landtag, Zuschauer, die wie Kunstwerke wirken. Polen wetteifern mit Amerikanern, Ossis streuen stinkende Maden zwischen Wessis, "Made in Germany".

So könnte sie werden, die künftige Hauptstadt Berlin - gerade nicht Entweder-Oder, "harte Weltliberalität" kontra "Selbstmitleids-Provinzialismus", wie Joachimides befürchtet, sondern immer alles schön unpassend nebeneinander, wie im richtigen Leben

Natürlich ist es kein Zufall, daß meine Reportage mit der "Metropolis"-Ausstellung endet; die Geschichte ist ja nicht neutral, sie nimmt eindeutig Partei für ein urbanes Berlin. Der Schlußsatz - "Bonn aber wäre nur nett gewesen" ist darüber hinaus ein polemisch formuliertes Bekenntnis des Autors, die nochmalige Absage an die Kleinstadt. In seinem Weltbild hat sie viel lebenszerstörendes Potential.

Das Bild Berlins in der Seele des Betrachters

Nun gut, könnten Sie sagen, das mag ja alles ganz hübsch sein - aber sind das nicht doch letztlich nur literarische Spielereien? Wird so Geschichte erzählt? Läßt sich auf diese Art und Weise und mit diesen Methoden tatsächlich Wirklichkeit rekonstruieren?

Ich behaupte: ja; wenngleich nicht auf eine so triviale Weise, wie es der Begriff Rekonstruktion nahezulegen scheint. Denn nicht einmal im Ansatz versucht ja die Reportage, eine auch nur halbwegs vollständige Wiedergabe von Leben anzustreben.

Tatsächlich wäre es absurd, wollte ich deutschen Lesern Berlin in dieser historischen Situation mit umfassender Darstellung und präzisen Eindrücken als Neuigkeit vorführen, um bei ihnen Gefühle des Staunens zu erzeugen - so, als hätten sie von dieser Stadt bis dahin noch nie etwas gehört. In Wahrheit glaubt ja jeder, alles über Berlin zu wissen, oder wenigstens fast alles, auf jeden Fall genug.

Deshalb kann die Kunst des Erzählers also nur darin bestehen, bereits vorhandene Eindrücke und Gefühle beim Leser wieder wachzurufen, Erinnerungen zu wecken, die Assoziationen in Gang setzen, Gedanken und Gefühle bewegen.

Und diese Gefühle und diese Gedanken sind dann - obwohl von Sätzen auf Papier, von einer sekundären Wirklichkeit also, ausgelöst - tatsächlich eine primäre, eine neue Wirklichkeit; und insofern läßt sich sagen, daß Wirklichkeit rekonstruiert wird. Es ist aber - noch einmal - eine Wirklichkeit, die in den Köpfen oder in der Seele des Betrachters schon da war. Die kann der Reporter abrufen und aktivieren.

Ist das nicht Manipulation? Genau. Tom Wolfe zögert nicht, sich zu diesem Begriff zu bekennen - er verwendet ihn freilich in einem mechanischen Sinne, so, als manipuliere ein Musiker ein Instrument, um die gewünschten Töne abzurufen. Die Reportage wäre dann, um im Bild zu bleiben, eine Art Partitur.

Darüber läßt sich reden. Was mir aber wichtiger erscheint, ist, daß mit dieser Theorie unmißverständlich der Begriff der Verantwortung ins Spiel kommt. Denn daran darf kein Zweifel bestehen: Ich bin als Reporter verantwortlich für die Realität, die ich mit meiner Geschichte schaffe. Keinen Augenblick behaupte ich: So ist es. Ich sage nur: So sehe ich es. Mein Bild der Welt gibt wieder, wie ich sie erlebe, ich versichere mit meinem Namen, daß ich keine mir relevant erscheinende Information unterschlagen habe. Darin liegen, wenn ich es mal etwas pathetisch ausdrücken darf, Bescheidenheit und Würde der Reportage. Aber bin ich nicht zugleich auch verantwortlich für die Stimmungen, die in den Lesern und Zuhörern entstehen? Für das Berlin, das in ihren Köpfen auflebt?

Journalisten machen die Stimmungen nicht, die in der Gesellschaft rumwabern, sehr unterschiedliche Emotionen in den verschiedenen Gruppen und Lagern. Die versuche ich in der Reportage wie ein Sensor aufzunehmen, um dann - zwischen unterschiedlich gestimmten Realitätsbildern vermittelnd meine Version anzubieten, also: aufzuzeichnen und zu beschreiben, was mich erbittert, empört, begeistert, was mich aufrüttelt. Ich nenne die Maßstäbe, nach denen ich urteile, und die Erfahrungen, die meine Emotionen bestimmen. Und damit steht mein Bild der Realität zur Disposition, sobald es in der Welt ist.

Gewiß, das klingt konstruktivistisch, bezieht auch seine gedanklichen Anstöße aus dieser Richtung, verschreibt sich aber keineswegs dem Konstruktivismus als Erkenntnismethode. Denn das Ende jeder kollektiven Vorstellung von dieser Welt müssen solche Eingeständnisse subjektiver Wahrnehmung ja nun nicht bedeuten. Oder gibt etwa, wer so verfährt, die Konturen medienexterner Realität preis? Kündigt er jede Verbindlichkeit auf? Verzichtet er darauf, Orientierungsunterlagen für ein sinnvolles Handeln in der Umwelt anzubieten?

Als wäre meine Berlin-Geschichte, so subjektiv sie auch ist, nichts als ein willkürlich aus den Fingern gesogenes Phantasie-Produkt. Als müßte sie nicht Mindeststandards einer intersubjektiven Vereinbarung darüber standhalten, wie Wirklichkeit in Berlin erlebt wird.

Kein Reporter kann es sich erlauben, einen Grundkatalog pragmatischer Wirklichkeitskriterien zu ignorieren, die überprüfbar und vergleichbar sind. Wie der Zeuge vor Gericht steht er vor einer kritischen und informierten Öffentlichkeit, die ihn an simplen Standards von Glaubwürdigkeit, Nützlichkeit und Verantwortlichkeit mißt. Wer wollte ihn ernstnehmen, bestritte er etwa den Fall der Mauer?

"Eine unbequeme Liebeserklärung an die Stadt", hat der Verlag Rasch und Röhring im Klappentext der Buchversion meine Berlin-Geschichte genannt. Damit kann ich gut leben; sie ist aber mehr, nämlich ein Angebot auch an andere. Gerade die subjektive Form der erzählten persönlichen Erfahrung sollte es dem Leser erlauben, denke ich, sich durch positive und negative Identifizierung darauf einzulassen. Sei es, indem er das ihm vermittelte Bild nach Vergleich mit eigenen Erfahrungen und Eindrücken akzeptiert, sei es, daß er sich davon absetzt.

Siegfried von Kortzfleisch

Fesseln des Glücks

Die unendliche Suche nach der Freiheit der Journalisten

Suchgänge

Die unendliche Suche nach der Freiheit? Viele Jahre hindurch war ich damit befaßt. Ich habe die Grenzen der Freiheit in der kirchlichen wie säkularen Publizistik selbst erfahren. Da wurde am Redaktionsstatut herumgeändert, um die Freiheiten der Redaktion zu mindern. Da hat ein Bischof interveniert oder ein Intendant. Es gab heimtückische Angriffe von rechts (politisch sehr rechts und evangelikal rechts). Ich könnte erzählen; denn ich habe es erlebt, und es hat mich nicht wenig gekostet, es zu erleben. Ich habe den aufrechten Gang zu gehen versucht und ihn hoffentlich inzwischen noch nicht verlernt.

Also wäre es verständlich und recht, wenn ich mich daran machte, das Hohe Lied der Freiheit der Journalisten wieder zu singen und den geltenden Regeln der Freiheit nachzuspüren. Wir könnten zum Beispiel den Pressecodex von 1973, vor wenigen Jahren aktualisiert und kasuistisch aufgefüllt, einmal wieder aufpolieren. Wir könnten erwägen, ihm mehr Vollmacht zu verschaffen, damit er sich in der Praxis auch durchsetze. Wir müßten vielleicht einen ähnlichen Standes-Codex für die elektronischen Medien entwickeln. Wir könnten auch wieder einmal für eine bessere Rundfunk-Ordnungs-Politik eintreten und womöglich die Macht der Parteien in diesem Feld beschneiden. Das alles mag nötig und nützlich sein. Aber es ginge aus von den Problemen, wie sie gestern formuliert wurden, nicht wie sie sich morgen voraussichtlich stellen werden. Wir haben einen unerhörten Wandel der Medienverhältnisse hinter uns. Ich nenne es gerne eine Kulturrevolution. Doch wir hinken mit unserem Bewußtsein noch hinter den neuen Verhältnissen her. Das wurde mir immer deutlicher, während ich diesen Vortrag vorbereitete. Mir schien, dringlicher als das neuerliche Eintreten für die Freiheit der Journalisten ist derzeit, den Beruf des Journalisten in der hochentwickelten Mediengesellschaft erst wieder neu zu bestimmen. Das ist nun gewiß ein hohes Ziel, und ich bilde mir nicht ein, es sei mir zureichend gelungen. Aber ich habe einige behutsame "Suchgänge" unternommen, und ich möchte einladen, dabei mitzugehen.

Im ersten Teil erinnere ich mit vier Abschnitten an einige der Auswirkungen der Mediengesellschaft im Hinblick auf den Beruf des Journalisten. Im zweiten Teil skizziere ich in sieben Thesen einige der möglichen Antworten auf die verwandelte Lage. Ein Nachwort beschließe diesen Text.

Medienberufe im Umbruch

Unausweichliche Welt der Signale

Die bürgerlichen Bildungsideale können kaum noch gelten. Man wußte einst, was man lesen mußte; und tat es säuberlich. Es gab noch nicht das Überangebot. Die Entwicklung zur Mediengesellschaft fing ja so sachte an. Zeitungen und Bücher, Flugblatt und Plakat. Dann der Film mit Flimmer und Klavier. Der Rundfunk bot schon einen sensationellen Aufbruch in eine neue Welt an. Doch der eigentliche Durchbruch geschah erst mit dem Aufkommen des Fernsehens und allerlei anderem elektronischen Gerät. Und zwar in der ungezähmten Vervielfachung des Angebots von Programmen. Da wird aus der Quantität eine neue Qualität! Wie lauten die jüngsten Zahlen? In Westeuropa waren 1991 über die Satelliten 138 Fernsehkanäle verfügbar. Fast jeder Haushalt hat einen Fernsehapparat, und er wird durchschnittlich täglich vier Stunden und 18 Minuten lang eingeschaltet. So in Westdeutschland 1990. Man sei aber nicht nur auf das Leitmedium Fernsehen fixiert, sagen uns die Medienforscher. Man sehe etwa auf die Lebenswelt eines Jugendlichen: Er wächst auf inmitten eines reichen Gefüges von Medien und Kommunikationsgeräten. Kassetten, Disketten, CD; Rekorder, Video, Disco und Dudel; Musik von allen Seiten. Werbesprüche hinten und vorne. Sie dringen auf ihn ein und gehen in seine Alltagssprache ein.

Signale und Botschaften also von überall her, aufdringlich, unausweichlich, ein selbstverständliches Grundelement des Lebens - das ist die Mediengesellschaft. Sie besteht nicht als Zierat oder Beigabe des Lebens, auf die man nach Gutdünken auch verzichten könnte. Sie macht vielmehr das Leben in unserer industriell geprägten westlichen Welt recht eigentlich aus.

Das muß ja wohl Auswirkungen haben. Die Warner haben immer gefürchtet, alle Kultur gehe nun baden und die Seelen würden zerstört, der Große Bruder werde künftig über alle Kanäle alles manipulieren und so fort. All das ist nicht eingetreten. Die große menschliche Katastrophe blieb aus - oder sind wir nur zu blind, um sie wahrzunehmen? Gewiß, die von David Riesmann[1] einst beschriebene Außenlenkung hat sich erheblich verstärkt. Doch haben sich auch Fähigkeiten ausgebildet, damit einigermaßen angemessen fertigzuwerden. Es sind Fähigkeiten der Abwehr. Der Mensch lernt, sich auf vieles einzulassen, aber möglichst selten sich an eine der medialen Verlockungen zu verlieren. Er trainiert es, abzuschalten, umzuschalten, abzuwechseln. Es geht dabei offenkundig um die Kunst des Überlebens, seelisch und geistig, in der tendenziell totalen Mediengesellschaft.

Schaden nimmt dabei die genaue Übermittlung von Inhalten; denn, so formuliert es Dieter Baacke: "Die unterschiedliche Qualität der von den Medien produzierten Informationen verschwindet in dem diffusen Nebeneinander der Zeichen, Bilder und Töne".[2] Das nennt Baacke die "Struktur der Strukturlosigkeit bei den Medien". Da wird dann von den Zeitgenossen vieles nur noch vage wahrgenommen. Was hat das für Folgen für den Beruf des Journalisten?

Sieg der Unterhaltung

Die Verhältnisse in den Medien haben sich auf den Kopf gestellt. Als ich das Handwerk des Journalismus erlernte, hatten sich gerade eben wieder edle liberale Grundsätze durchgesetzt. Man versuchte Nachricht und Kommentar voneinander zu trennen. Man rechnete mit Lesern, die urteilsfähig, mündig waren oder werden sollten. Endlich der Wahrheit dienen! war die Maxime, der ideologischen Manipulation wehren, sich nicht zum Büttel der Propaganda machen lassen! Nun endlich sollte sich das Prinzip Öffentlichkeit[3] durchsetzen, und jede Zeile eines Journalisten sollte beitragen, dem zu dienen.

Unterhaltung? Ziemlich beiläufig fragte man danach und räumte, eher zögernd als begeistert, ein, auch die Unterhaltung gehöre zum Journalismus, jedenfalls dürfte sie einen Platz in der Zeitung eingeräumt bekommen. Das habe im Leben just eben so viel Recht wie der Klatsch der Marktweiber und die Kaffee-Runde der Bürgerfrauen. Ein menschliches Urbedürfnis verberge sich dahinter. Aber im Zentrum publizistischer Absichten stünde die Unterhaltung gewißlich nicht.

Man erinnere sich: Es war die Epoche des Aufbaus. Es ging um das Dach über dem Kopf und die notdürftige Ausstattung. Ein Moped galt als gehobenes Glücks-Gut, und erst wenige konnten sich Scharnows Reise nach Rimini leisten. Das war auch die Zeit, als man unter "Massenmedien" noch vorzugsweise die Zeitungen verstand und allenfalls den Rundfunk mit einbezog. Die Zeit der dürftigen Geräte, die man Volksempfänger genannt hatte, lag noch nicht lange zurück. Da war also die frisch gewonnene Journalisten-Moral ebenso streng, wie die Lebensumstände karg waren. Vielleicht liegt eine Regel darin, daß die strenge Observanz ein Spiegel ist des allgemeinen Mangels.

Wer heute das Handwerk des Journalisten erlernt, lebt in der Fülle. Unüberschaubar viele Medien; Sender und Gazetten. Eine weitreichende Diversifikation der journalistischen Berufe. Es lernt einer die Zeitung oder Hörfunk machen oder Filme drehen. Man trainiert das flotte Plaudern eines Begleiters von Magazin-Sendungen im Hörfunk. Man wird Showmaster, das heißt: das Gegenteil eines Dompteurs, denn der Showmaster ist glücklich, wenn es ordentlich wild zugeht in der Exoten-Runde.

Und die Unterhaltung? Sie ist also längst nicht mehr die kleine Prise Gewürz in der Öde der seriösen Information, sie ist die Hauptsache geworden. Unterhaltung macht Medienarbeit geradezu aus; denn nur so kann man auch die allgemeine Kommerzialisierung der Medien durchhalten. Wer trägt schon mit einem Kommentar zur besseren Verkäuflichkeit einer Zeitung oder einer Tagesschau bei. Der Moderator einer Gesprächsrunde dient meist als Animateur und nicht dazu, bedächtig einen gemeinsamen Erkenntnisprozess zu fördern. Der Journalist wird häufig selbst zur Ware im Medium; sein Lächeln, das Design seiner Pullover, die für den Auftritt frisch gewellte Frisur, sie bekommen einen hohen Rang, womöglich noch vor gutem Stil oder der Klarheit der Gedanken. Aufzusteigen auf die Bühnen des Show-Biz gleicht einer Nobilitierung. Und die Leute mit dem altmodischen Pathos, die davon reden, Presse sei eigentlich eine vierte Gewalt oder besser noch: sie sei die erste Gewalt, denn ohne sie sei ja Demokratie gar nicht denkbar, diese Spezies der Zunft muß nun immer wieder von neuem darum kämpfen, daß ihr genügend Raum bleibe. Und schließlich unterliegen sie auch dem Konkurrenz-Druck der Medien im kommerziellen Wettbewerb, und sie suchen nach der Sensation, und sei es um fast jeden Preis.

Sensation, das ist eine Spielart der Unterhaltung. Hitler-Tagebücher - wir verheißen euch, dem Publikum, Einblicke in das Innenleben des Diktators. Reporter auf den Fersen der Geiselgangster - ihr könnt das Glänzen sehen in den Augen des Verbrechers und den Haß und die Angst in seiner Stimme hören. In Japan, so berichten Auslandskorrespondenten, gäbe es längst Vorverabredungen zwischen kriminellen Banden und privaten Sendern: Rififi - nicht mehr nur als Fiction, sondern real und live - was für ein Verkaufsschlager. Oder reden wir von der gegenwärtigen Jagd auf jedermann, vor allem auf die öffentlichen Menschen, mit Hilfe von Stasi-Akten. Ist es nicht prickelnd schön zu sehen, wie sündig allzumal jedermann ist, besonders die da drüben?

Da sage mir einer der Verantwortlichen aus diesen Medien, es ginge ihm um demokratische Öffentlichkeit, um Aufklärung oder gar um die Gerechtigkeit und um nichts sonst. Das glaube, wer will. Der alte liberale Auftrag des Journalisten, sein Anteil am "Prinzip Öffentlichkeit", wird immer mehr dem Prinzip der Marktgängigkeit unterworfen.

Unfreiheit von innen

Das Problem der Freiheit stellt sich neu und anders. Gewiß, es gibt sie wirklich, die Helden der Meinungsfreiheit. 109 Journalisten und Autoren sind 1991 getötet worden, teilte der Welt-PEN-Club mit. Außerdem säßen rund 400 Autoren aus politischen Gründen im Gefängnis. Doch das ist nicht die Lage in unseren Breiten. Gewiß, es gibt viele Länder, in denen ganz elementar und ursprünglich erst noch eine Öffentlichkeit herzustellen ist. Will sagen, dort gibt es nur eine mangelhafte Freiheit der Information und kein vielfältiges Spektrum publizistischer Organe. Wir aber leiden nicht unter solchem Mangel, sondern unter der unüberschaubaren Überfülle. Es kann erstaunlich viel, schier alles, irgendwo gesagt, gedruckt, gesendet werden, sei es wahr oder verzerrt oder gar falsch. Nichts, was es nicht gibt, wenn auch nicht immer da, wo man es gerade sucht. Zensur? Kaum eine Spur. So grob wird unsere Freiheit, die wir genießen, nicht mehr bedroht.

Aber den sehnlichen Wunsch, die Freiheit anzufechten, gibt es gleichwohl und viele Methoden dafür, Tricks und Verführungen. Sie sind meist subtiler als die der Autokraten, Diktatoren und Geheimdienste, oft sehr feinsinnig verhüllt und getarnt. Wie man das macht? General Schwartzkopf könnte uns mitteilen, wie er Reporter lange Zeit, ohne daß die es merkten, zu "Lakaien der Regierung" (so eine Studie des

Washingtoner "Center for Public Integrity") gemacht hat. Feineres Garn hätten die Parteienvertreter in deutschen Rundfunkräten aus ihrem Nähkästchen abzuspulen. Die Generalsekretäre, Spitzenmanager, Pressechefs und auch einige Oberkirchenräte könnten etliche Kapitel hinzufügen.

Eigentlich brauchen wir nicht zu klagen. Warum denn sollte die Publizistik im allgemeinen gesellschaftlichen Spiel oder im Personen-Schacher weniger wichtig genommen werden als, sagen wir, die Besetzung der obersten Gerichte in Karlsruhe oder eines der zweihundert Ministerien im Lande oder tausend andere Institutionen. Die Freiheit der Journalisten ist nicht schon dadurch angefochten, daß es Versuche gibt, auf sie Einfluß zu nehmen oder ihnen Informationen vorzuenthalten und so fort. Solche Versuche sind sozusagen normal. Angefochten wird die Freiheit erst wirklich, wenn Redaktionen oder Journalisten nicht den Anfängen wehren, oder wenn sie leichtfertig hinnehmen, was man mit ihnen macht, oder wenn sie gar im vorauseilenden Gehorsam gegenüber irgendwem vorwegnehmen, was irgendwelche Mächtigen vielleicht tun könnten.

Da ist dann Haltung gefragt und aufrechter Gang und ein bißchen Selbstbewußtsein: Wir haben doch einen öffentlichen Auftrag, und warum sollten wir uns das schmälern lassen. So wird die Freiheit - auch - zur Charakterfrage.

Doch es ist an den schon skizzierten Wandel der Verhältnisse zu erinnern: Der Mut der Journalisten ist ja im Spektrum *aller* Medien immer seltener gefragt. Je mehr sie im Dienst stehen der tausend bunten Blätter - je mehr sie sich der Unterhaltung widmen und der Vermittlung all der banalen Dinge, desto gleichgültiger wird das alte Ziel, mitzuweben an einer mündigen politischen Öffentlichkeit. Immer weniger Kollegen, genauer: prozentual weniger, tragen das Pathos eines gesellschaftspolitischen Auftrages vor sich her. Und nur sie würden sich ja beklagen, wenn man ihre Freiheit anficht. Für die inzwischen unzähligen Unterhalter in der Branche steht das nicht so sehr auf dem Spiel.

Das heißt: das Problem der Freiheit gerät, sieht man auf die ganze Breite der Publizistik, zum Problem einer Minderheit unter den Journalisten. Und diese Minderheit kann mit der Solidarität der Mehrheit unter den Medienschaffenden nur sehr eingeschränkt rechnen. Das schwächt sie, wenn sie versuchen, sich zu wehren gegen die Anfechtungen der Freiheit.

Abschied von umfassenden Konzepten

Da trauern manche Journalisten, und haben sie nicht manche guten Gründe dafür? Man hat sein Publikum nicht mehr vor sich wie in einer Klasse. Die Leute gehen ihrer Wege: Sie "flanieren" durch die Fernseh-Programme. Nur jeder dritte bleibt einer Sendung von Anfang bis Ende treu. Nicht mehr von Einschaltquoten wäre künftig zu reden, sondern von "Kontaktquoten". Da wird bald die Werbeindustrie anfangen mitzutrauern.

Und in einer bestimmten Zeit, die einer täglich fernsieht, nimmt er nicht mehr etwa 20 Prozent des verfügbaren Programmangebots wahr, sondern nur noch etwa drei Prozent.[4] Da haben längst schon die Politiker begonnen zu seufzen; denn sie müßten jetzt siebenmal so oft in einer Talkshow auftauchen, um ebensovielen Menschen wie einst ihr Gesicht zu zeigen.

Vollzieht sich in den anderen Medien nicht tendenziell das gleiche? Im Hörfunk, das weiß man seit längerem, betreibt man ein Nebenbei-Medium, und man hat sich deshalb auf die vielen endlosen Magazine umgestellt, Musik mit Einlagen wie Erbsen in der Suppe. Und die Printmedien? Sie rechnen schon immer mit einem Leser, der auswählt und nippt. Weiterblättern, ab und an anhalten und wieder blättern, das sind die üblichen Gesten des Lesers. Besonders Wichtiges reißt man heraus, legt es auf den Stapel für das Wichtige, bis auch dieser Stapel entsorgt wird.

Noch immer gilt zwar, Gelesenes bewirkt mehr als Gehörtes, und Gehörtes läßt mehr Phantasie frei als die laufenden Bilder. Doch hier wie da wird die Welt als Kaleidoskop dargeboten. Sie ist bunt, vielfältig, zufällig zusammengesetzt, wird ständig von neuem verrüttelt.

Daran zu erinnern, ganz ohne Klage und ohne Satire, hat einen Nutzen. Es erleichtert uns, Abschied zu nehmen von den ganzheitlichen Modellen. Ist jedermann - angesichts der Überfülle der Medienangebote - sein eigener Programm-Macher geworden, so wird sich der Jedermann in mancher Hinsicht emanzipieren können. Keiner schreibt ihm mehr so leicht vor, was er denken muß. Er bastelt sich seine Weltanschauung, wie er mag. Er entfaltet ein Christentum nach seinem eigenen Bilde. Er verzichtet darauf, eine edle, vollreife, rundum gemeißelte Persönlichkeit zu werden, wie es sich noch die Großväter vorstellten.

Das heißt, von der Seite der Propagandisten her gesehen, die ganzheitlichen, allumfassenden, ausgefeilten Denksysteme und Visionen lassen sich nicht mehr recht vermitteln. Keine Ahlener und Godesberger Programme der Parteien und ihre vielen unbeachteten Nachfolger; keine dogmatischen Lehrgebäude (da mag Kardinal Ratzinger getrost heulen und zähneklappern); auch nicht ihr kleineren konfessionellen Spielarten, heißen sie Confessio Augustana oder Leuenberger Konkordie. In der Mediengesellschaft sind sie wohl alle dazu verdammt, zu zerbröckeln und als Scherben im Kaleidoskop und allenfalls so fortzuleben und weiterzuwirken. Da werden die Ganzheitsapostel und die Hüter der reinen Lehren samt allen Fundamentalisten noch einiges zu trauern haben. Oder überziehe ich meine Prognose?

Ich will nur auf Folgerungen für den Stand des Journalisten hinaus. Sie betrifft seine Arbeit und seine Rolle in der Gesellschaft. Wenn die "Botschaften" nur noch fragmentiert auftauchen, dann können die Journalisten mit allen übrigen Zeitgenossen - mit großem Zapfenstreich und allen Posaunen - Abschied nehmen von allen Versuchen, die große Aufklärung zu planen oder den Katechismus für Erwachsene oder ein wunderbares Curriculum der Demokratie. Ende aller übergestülpten Volksbeglückung. Nicht einmal Schulen schaffen das noch, auch nicht Klosterschulen. Sie halten es am Ende nicht durch. Es bleibt beim Stückwerk. Das politische Bewußtsein wird weiter vage sein. Die Kirche gibt es nicht mehr anders denn als "Markt der Möglichkeiten". Und so fort. Und die künftige Rolle des Journalisten? Tritt er auf als Missionar irgendeiner dieser Lehren, als einer, der sein Medium konspirativ nutzt, um seinem Glauben, seiner Kirche, seiner Partei zum Sieg zu verhelfen, so wird er auflaufen, und seine etwaigen geheimen Auftraggeber nicht minder. Mit leisem Vergnügen können wir dies allen großen Vorsitzenden und geistlichen Eminenzen in ihr Stammbuch schreiben.

Journalist sein in der vollendeten Mediengesellschaft

So erleben wir Umbrüche erstaunlicher Art. Das Leben wandelt sich, die Medien wandeln sich, beides in einem und einander beeinflussend. Der Wandel trifft jedoch nicht alle Medienleute gleichermaßen. Die Vermutung, der ganze Stand stünde auf dem Spiel, ist nicht richtig. Für manche eröffnet der Wandel ungeahnte Chancen; sie profitieren von den expandierenden Kommerz- und Unterhaltungsmedien; sie stricken mit an den Problemen, die die anderen Zunftgenossen bedrükken.

Eine Sonderstellung behaupten

Den Journalisten gibt es also nicht mehr. Der Beruf hat sich in viele Medienberufe auseinandergefaltet, die oft wenig miteinander zu tun haben. Da sind - es sei noch einmal vor Augen geführt - Filmemacher und Musikpräsentatoren, Unterhalter und Conferenciers; manche betreiben das redaktionelle Begleiten der Werbung als journalistischen Beruf; manche hüten eine Nische in lauter speziellen Zeitschriften und leben dabei fröhlich; viele lassen sich anheuern als Medienberater oder Pressesprecher von Institutionen und Konzernen.

Ach, es ist ein buntes Volk geworden, und das Maß ihrer gemeinsamen Interessen und also ihrer Solidarität miteinander nimmt ab. Freilich gibt es auch die klassischen Journalisten noch; sie melden und berichten, kommentieren und erklären. Sie tun es über Äther und auf Papier. Sie sind es, deren Freiheit am ehesten zu bedenken ist, deren etwaige Gängelung am ehesten als eine Gefahr für die demokratische Öffentlichkeit zu werten ist.

Aber sie sind eine Minderheit geworden in der Familie der Medienberufe. Die Gewerkschaft faßt alle Medienberufe zusammen - um der sozialpolitischen Ziele willen. Das mag recht sein. Den "klassischen" Journalisten aber täte es gut, ihren Beruf im übrigen abzusetzen von anderen Medienberufen. Das entspräche besser ihrer Lage im diffusen Prozeß der öffentlichen Meinungsbildung. Sie wären leichter als Träger eines demokratischen öffentlichen Auftrages zu identifizieren.

Multimediales Vermarkten

Diese Minderheit der politisch interessierten und in den öffentlichen Dingen engagierten Journalisten, sie ist, so haben wir gelernt, relativ ohnmächtiger geworden. Die PR-Leute, stellen Medienforscher cool fest, seien längst schon viel mächtiger. Sagen wir es etwas schlichter so: Die durchschnittliche persönliche Reichweite hat abgenommen. Darin gleichen die Journalisten den Politikern, die nunmehr siebenmal in Talkshows erscheinen müßten, um dieselbe Berührungsquote mit dem Publikum zu erreichen wie früher mit einer Talkshow. Es handelt sich um einen strukturell bedingten Einflußverlust des Journalisten. Also muß er, wenn er nicht zufällig in prominenten Leitmedien wie "Stern", "Spiegel", "Zeit" steckt, und gleichwohl etwas bewirken will, auch auf Quantität schauen, nicht nur auf Qualität. Er muß sich frei fühlen, seine Recherchen und Texte von vornherein multimedial zu verwerten, sie zu vermarkten.

Bescheidenheit und Werktreue

Gedanken im größeren Zusammenhang haben es zunehmend schwerer, über die großen elektronischen Medien zum Publikum zu gelangen. Das ist die Folge der Fragmentierung der "Botschaften". Man kann nicht alles in Einsdreißig sagen, und auch nicht in zwei oder vier Minuten. Nicht alles paßt in scherzhafte Zwischenmoderationen zwischen die Fischer-Chöre und das Hafenkonzert. Dennoch gilt, der Journalist wird sich einzustellen haben auf durchschnittlich kürzere Stilformen, auch im Hörfunk, und auf Themen im Ausschnitt. Auch erhabene Inhalte sind nur portionenweise zu vermitteln. Da ist es gewiß mühsam, einer großen Linie zu folgen oder am ausgreifenden Gestus der Weltveränderung festzuhalten. Der Journalist wird genötigt, im Kleinen und im Detail seine Kunst zu beweisen und sein Profil als Autor zu gewinnen. Das ist so neu nicht, es liegt in der Tradition des Schreibens für den Tag. Immer lag darin der Zwang zur Bescheidenheit und zur Werktreue. Nur ist dieser Geist zwischendurch einmal verlorengegangen. Es schadet nicht, ihn wiederzufinden. Die Situation in der Mediengesellschaft zwingt dazu.

Zwang zur Wiederholung

Neu ist das "diffuse Nebeneinander der Zeichen, Bilder und Töne", wie Dieter Baacke es nannte.[5] Die allgemeine Ungenauigkeit beim Wahrnehmen. Man weiß oft nicht mehr, wo man etwas aufgefangen hat. Manchmal verkehrt sich das nebenbei Gehörte im Kopf in sein Gegenteil. Die Informationen vernebeln sich, ehe sie dort ankommen, wo sie etwas auslösen könnten. Daraus leite ich ab, daß die alte Faustregel "Informieren heißt wiederholen" weiterhin richtig ist. Darin steckte ursprünglich eigentlich nur eine selbstkritische Beobachtung: Leider wird so viel wiederholt. Künftig werden wir uns vornehmen müssen, bestimmte Informationen und Einsichten immer wieder darzubieten, bewußt und geplant. Die hochentwickelte Mediengesellschaft lebt von den vielen Wiederholungen. Der Autor fühle sich frei, sich selbst zu variieren und zu plagiieren. Es liegt kein Makel darin. Dergleichen ist notwendig geworden.

Doppelstrategie gegen die Untreue

Neu ist eine weitere Kehrseite der Mediengesellschaft, die prinzipielle Untreue der Rezipienten. Sie hat zwei Aspekte. Der eine: das mit der Fernbedienung eingeübte "Flanieren" des Rezipienten von Welle zu Welle, das Weiter-Blättern bei den Printmedien. Der andere Aspekt: Der drohende Vertrauensverlust. Bleiben wir beim Flanierer. Intendanten, Verleger und viele Journalisten sind sich darin eins: Sie wollen ihr Publikum festhalten. Die Leute sollen treu bleiben, sollen bei der Sendung bleiben, einen Text möglichst bis zu Ende lesen. Eben das sollen ja nun die Unterhaltung oder die Sensation leisten. Selbst innerhalb der unterhaltsamen Programme paßt sich die Dramaturgie an: Nach einer viertel Stunde folgt in "Wetten daß ..." der nächste Gag. Gag auf Gag, um die Zuschauer zu halten. Kurzatmige Anreize.

Die Methode stellt sich möglicherweise als kontraproduktiv heraus. Wenn ich merke, der nachfolgende Amüsier-Reiz gleicht dem vorigen - warum soll ich eigentlich dabei bleiben? So könnte die Anpassung der Medienmacher an das "Flanieren" der Rezipienten ihre Untreue verstärken, statt sie zu überwinden. Solche Skepsis erreicht aber die Produzenten offenbar noch nicht. Bisher gilt, was ein Rezensent schrieb: "Die Kapitulation vor dem Moloch 'Unterhaltung', den man besser 'Zerstreuung' nennen sollte, scheint komplett".[6]

Widerstand gegen Allotria

Was tun? Die klugen Elder Statesmen unter den Programm-Verantwortlichen, etwa Hans Abich, zeigen sich ziemlich ratlos. Abich setzt langfristig auf die Klugheit des Publikums. Sein Optimismus klingt aber etwas verzweifelt. Das haben freilich alle denkbaren Antworten an sich. Es ist offenkundig, das Prinzip Verantwortung greift nicht so leicht gegen das Prinzip Profit. Ich sympathisiere mit der folgenden Antwort, so ungenau sie auch klingt. Nämlich: Laßt uns eine Doppelstrategie fahren. Erstens, wir versuchen, den Moloch Unterhaltung mit Sinn zu unterwandern; wir schleusen ernsthafte Information ein; wir präsentieren, mitten drin in all den Spielchen, vernünftige Menschen mit vernünftigen Meinungen zu den Problemen, die auch das Amüsier-Publikum im Grunde sehr interessieren. Und zweitens: In all den anderen so ungeheuer seriösen Medien wie, sagen wir, die "Zeit", das Deutsche Allgemeine Sonntagsblatt oder der Bayernkurier, wollen wir so kommunikativ wie möglich sein. Auch schwierige und ernsthafte Inhalte lassen sich sozusagen verkäuflich darbieten, ohne Allotria und Albernheiten, vielmehr durchaus spannend. Man muß es versuchen. Man wähle unter den Varianten der unterhaltsamen Liebenswürdigkeit die verträglichen. Man setze darauf, daß sich irgendwann unter den Rezipienten die Fähigkeit durchsetzt zu unterscheiden: Sie mögen es alles gerne unterhaltsam, weil sie ja so vieles unterhaltsam geboten bekamen; sie wollen aber keineswegs alles albern serviert bekommen. Es ginge um einen faßlich, vielleicht gar mit leichter Hand dargebotenen ernsthaften Stoff.

Ist das nicht für Journalisten alles selbstverständlich? Es wäre schön, wenn es überall so wäre. Kommen solche guten Absichten an gegen die Allotria-Kultur? Es könnte sein, daß es ein Versuch bleibt von Minderheiten unter den Journalisten für Minderheiten im Publikum. Doch da ist eine Warnung geboten:

Vertrauen wiederherstellen

Es schmähe niemand voreilig die angeblich veramüsierten Mehrheiten. Es handelt sich um Wähler und um Medien-Verbraucher zugleich. Man sagt, es sei ein gewaltiger Vertrauens-Verlust eingetreten gegenüber den Medien und gegenüber aller Politik. Diese beiden Lebenswelten haben einiges gemeinsam. Ein quantitativer Maßstab wird in ihnen zunehmend bestimmend: hier die Auflage, die Einschaltquote; dort die demoskopischen Zahlen und die Kontaktquote. Nach den Wählerstimmen und der zählbaren Wählersympathie bemißt sich die Macht; nach den Auflagen und Einschaltquoten bemißt sich über die Werbung der finanzielle Erfolg.

Doch steckt im Gebrauch solcher Maßstäbe zugleich, daß man die Menschen in der Menschenmasse nicht richtig achtet. Das bleibt auf die Länge der Zeit nicht verborgen. Mißtrauen keimt. Also bewirken Medien-Unternehmer und Partei-Strategen, seltsam vereint, zusammen den Vertrauensverlust, den die Institutionen der Politik und der Publizistik gleichzeitig erleiden. Das ist wundersam absurd. Wie sollte das nicht zurückwirken auf das Verhältnis der Bürger zur Politik und zu den Medien, die ihnen die Politik vermitteln sollen? Da bedarf es doch gar nicht erst der stinkenden Politik-Skandale oder der journalistischen Fehlleistungen aus eifriger Gier nach Sensationen.

Wir müssen befürchten, der Verlust an Vertrauen ist keine modische Strömung, die wieder vergeht. Ohne ein gewisses Vertrauen aber keine dauerhaften Auflagen, keine Publikumstreue - und keine politische oder irgendwie aufklärerische oder zuverlässig demokratische Wirkung der Medien. Ich postuliere: Wer als Journalist so arbeitet, daß Vertrauen wächst und nicht abschmilzt, der hat auch in der Mediengesellschaft die besseren Aussichten. Ich nehme damit Abstand ein zu jenen, die billige durchsichtige Sensationen einmalig und teuer verkaufen oder die es schon für einen großartigen kritischen Journalismus halten, wenn sie stolz wie ein Terrier einem Prominenten ans Bein gepinkelt haben. Nicht jede Freiheit, die ich mir herausnehme, ist auch schon ein Beitrag zur stets gefährdeten Freiheit des Journalismus.

Positionen beziehen

Gibt es ein Bild vom Menschen, das in der Mediengesellschaft gelten kann? Eines ist im System immanent gegeben, ohne normativen Anspruch. Etwa so: Der Mensch konsumiert. Er nimmt die Signale und Botschaften der Medien hin, ohne sie immer auch anzunehmen. Er reagiert auf die Herausforderungen mit Distanz und mit wechselnden Antworten. Seine Identität ist nicht eindeutig, sondern besteht aus Bruchstücken. Man kann das mit dem Begriff "postmodern" herabsetzen; doch das ändert nichts. Ich sehe nicht, wie die postmoderne bruchstückhafte Identität durch ein ganzheitliches Angebot wirksam zu ersetzen wäre - solange denn die Menschen in der Mediengesellschaft leben. Daran sei erinnert, weil zu fragen ist: Wie gehen Journalisten damit um?

Erste Antwort: Der Wandel hin zur Mediengesellschaft entlastet die Journalisten von zu erhabenen Erwartungen. Sie sind nicht verantwortlich zu machen für das Seelenheil der Menschen, nicht für ihr gelingendes Leben. Sie können mit ihrem Metier niemanden zu dieser oder jener wahren Lehre führen. Hier werden zum Beispiel alle katholischen Denkmodelle scheitern, die darauf hinauslaufen, die Medien einzusetzen, um eine zur Gänze christliche (katholische) Gesellschaft wiederherzustellen. Keine Chance dafür in der vollentwickelten Mediengesellschaft. Man mag gar zweifeln, ob Journalisten einzustehen vermögen für das Aufkommen und Gelingen der Demokratie. Sie ersetzen weder den Gesetzgeber noch das souveräne Wahlvolk. Will sagen, die Medien und die Medienmacher sind nicht verfügbar als die großen Menschen-Erzieher. Was sie leisten können und sollen, ist dies: Zum Einzelproblem und zum Teilthema Impulse geben, Informationen, Denkhilfen.

Zweite Antwort: Diese Impulse müssen nicht beliebig bleiben. Sie sollten in sich schlüssig oder überzeugend sein. Wenn man auch verzichten muß, ganze Lehrgebäude vor sich herzuschieben oder das ganzheitliche Heil zu garantieren, so dürfen doch Positionen erkennbar sein. Ich begleite niemals einen Rezipienten auf seinem langen Lebensweg, aber doch vielleicht von hier auf gleich. Für einige Augenblicke des sachgemäßen Assoziierens. Eine kleine Wegstrecke des Nachdenkens. Da darf das, was ich sage oder schreibe, den richtigen Beiklang haben. Einen Drall zum Menschlichen etwa. Es darf ein Problemzusammenhang erkennbar sein, der das Detail transzendiert. Da dürfen Positionen einer komparativen Ethik erkennbar sein, etwa so: Im Zweifel auf Seiten der Opfer stehen, nicht der Nutznießer und Täter; im Zweifel auf Seiten der Menschen gegen die angeblichen Sachzwänge, wenn sie die Humanität mißachten; im Zweifel auf Seiten der Gerechtigkeit, nicht aber der Gewalt, sofern sie das Recht mißachtet, oder gar der Willkür; im Zweifel für mehr Demokratie und gegen ihren Mißbrauch.

Zwischen Zynismus und Zauberei

Es geht nicht gleich um das große ganze Gute, sondern um das "etwas bessere" oder das etwas sinnvollere. Ich weiß nicht, ob der Mensch dazu bestimmt ist, rundum edel und gut zu werden; ich hege Zweifel, daß er es werden kann. Aber sich dem Besseren zuwenden und einen kleinen Schritt dort hin zu tun, das mag doch angehen. So viel möchte ich hoffen dürfen. Denn sonst verfiele ich in Zynismus. So nötigt mich die Realität des Menschen in der Mediengesellschaft zu einem realistischen und behutsamen Kompromiß zwischen Zynismus und Schwärmerei. Das klingt bescheiden und ist doch immer noch sehr anspruchsvoll.

Als ich anhub, diese Überlegungen zu notieren, ging ich davon aus, es sei erneut zu ringen um die Freiheit der Journalisten. Dies wird uns gewiß auch ständig begleiten. Doch es drängte sich eine andere Aufgabe immer mehr vor: zu klären, was der Sinn des journalistischen Berufes in der Mediengesellschaft sei. Ähnlich müßten auch andere öffentliche Berufe über sich selbst nachdenken, die Politiker zum Beispiel und auch die Pfarrer. In allen drei Fällen sind die Berufe im Zeichen der Mediengesellschaft neu zu bestimmen. Also versuchte ich, jedenfalls für die Journalisten einiges an-zu-denken.

Ich hoffe, ich habe nicht zu düster gestimmt. Das lag mir jedenfalls fern. Ich erwarte ja für den Beruf des Journalisten in verwandelter Welt wieder viele Aussichten. Noch immer ist es eine Lust, ihn auszuüben; wenngleich nicht überall. Die Wirkungen sind schwerer abzuschätzen, aber es gibt sie. Man darf sich nur nicht vom unmittelbaren Echo abhängig machen. "Die Presse" hat weiterhin einen Rang in der Gesellschaft; sonst würden die, die auf sie schimpfen, nicht im Handumdrehen zur nächsten Zeitung greifen. Es gibt nicht gar wenige Journalisten, die ihr Mandat mißbrauchen und die ganze Zunft in Verruf bringen können. Doch auch anderswo kommt das zu genüge vor, sagen wir: bei Zahnärzten oder Steuerbeamten, nur meist nicht so rasch erkennbar. Und gewiß versuchen viele Schreibtischtäter oder Telefontäter die Freiheiten der Medien möglichst unauffällig einzuschränken; doch wen kann das wundern; es liegt nicht nur Angst in dem Versuch, sondern auch Respekt. Wenn niemand die Freiheit einzuschränken versuchte, wären wir ebenfalls arg dran; wir würden vergessen, uns um die Bewahrung der Freiheit wach zu bemühen. So dialektisch ist die Realität der journalistischen Freiheit.

Anmerkungen

1 D. Riesmann: Die einsame Masse, rde 72/73, Darmstadt 1958.

2 D. Baacke, in: Jugendliche im Sog der Medien, Opladen 1989, S. 103.

3 Vgl. den Beitrag von Dieter Ross in diesem Band.

4 D. Ross a.a.O.

5 D. Baacke a.a.O.

6 F. Wolf, in: epd Kirche und Rundfunk, 8.4.1992.

Hans Werner Dannowski

Original und Abbild

Über die Herrschaft der Film-Realität

In Woody Allens Film "Manhattan" von 1979 gibt es auf dem Höhepunkt der Handlung eine Szene, die mir immer als symptomatisch für unser Verhältnis zur Wirklichkeit im Zeitalter der Medien erschienen ist.

Da haben Ike (Isaac Davis alias Woody Allen) alle seine Freundinnen verlassen, er liegt allein auf seinem Sofa, hat als Gesprächspartner nur noch das Mikrophon, er seufzt aufs Band: "Äh, es ist... äh... also, es müßte zuversichtlicher klingen. Also gut, was macht das Leben lebenswert? Das ist eine sehr gute Frage. (seufzt) Äh (räuspert sich, seufzt) es gibt, vermutlich gewisse Dinge, die das Leben lebenswert machen. (seufzt) Wie zum Beispiel, äh? Okay, für mich...äh... (seufzt) Oh, also, ich würde sagen... Was, Groucho Marx ... um nur ein Beispiel zu nennen, äh, mhm, und (seufzt) Willie Mays, und (seufzt) äh, der zweite Satz der Jupiter-Symphonie... und (atmet aus) Louis Armstrong, die Aufnahme vom Potatohead Blues... (seufzt), schwedische Filme, natürlich, und die "Erziehung des Herzens" von Flaubert, äh (seufzt) Marlon Brando, Frank Sinatra, (seufzt) äh, diese unglaublichen... Äpfel und Birnen von Cézanne, die Hummerkrapfen... beim Sam Wopff, äh (seufzt) Traceys Gesicht (kichert, seufzt)."

Tracey ist seine Freundin. Und als er sie erwähnt, als sie ihm in den Kopf kommt, da springt er auf und läuft zu ihrem Hotel und erwischt sie gerade noch vor ihrem Abflug nach London. Aber er kann sie nicht halten, und so wird auch sie alsbald eingehen in die Reihe der Bilder und Geschichten, die hier vielleicht als Erinnerung eines einmal gelebten Lebens die Gegenwart noch ein kleines Stück weit erleuchten und erhellen. Soweit das eben reicht, soweit die Bilder der Erinnerung ankommen gegen die Macht der sekundären Welt.

Denn das ist doch das Frappierende: Das, was Ike das Leben lebenswert macht, sind lauter sekundäre und tertiäre Erfahrungen. Nicht Äpfel und Birnen, sondern die Äpfel und Birnen von Cézanne. Über das

Verhältnis von Bildern und Abbildern soll ich reden, aber was sind hier die Bilder, was die Abbilder? Wenn es doch anscheinend längst so geworden ist, daß die Wirklichkeit sich nach den Bildern richtet, die man von ihr im Kopfe hat. Das New York Woody Allens, das Paris Marcel Carnés, das Rom Federico Fellinis - wer kann solche Bilder je völlig aus seinem Kopfe wischen. "Es gibt keine Unmittelbarkeit", hat Dietrich Bonhoeffer einmal gesagt. Wir kommen alle immer schon von weither. Wir sind kulturell determiniert, erleben eine bestimmte Wolkenbildung wie eine Stimmung á la Nolde oder eine bestimmte Trübung der Luft wie ein Bild nach Claude Monet. Und auch in anderen, kulturell von anderen Leitideen geformten Schichten reproduziert man das, was man erfahren hat, und filtert die Wirklichkeitserfahrung durch das Sieb der Bilder und Geschichten, der Vorurteile und Perspektiven, die man in sich aufgenommen hat.

Aber wenn es im Untertitel dieses Beitrags heißt: "Über die Herrschaft der Film-Realität", dann ist noch etwas anderes damit gemeint. Ein totalitärer Ansatz ist damit angesprochen, der über die eher zufällige kulturelle und zivilisatorische Determination des Menschen hinausgeht. Ein den Medien wie Fernsehen, Film und anderen Massenkommunikationsmitteln inhärenter Wirklichkeitsbegriff ist damit avisiert, der keineswegs immer bewußt gewollt wird, aber dessen Techniken und Mechanismen man beherrschen muß, wenn man sich in diesem Feld behaupten will. Drei Elemente will ich herauszuarbeiten versuchen.

Die Besetzung der Wahrnehmungsfelder

Die Erfahrung des Golfkrieges 1991, die Diskrepanz zwischen dem angeblich sauberen Krieg und dem Krieg, wie er wohl wirklich war, hat aufs neue den engen Zusammenhang zwischen der Kriegserfahrung und den Massenmedien sichtbar gemacht. Vieles, was unter den extremen Bedingungen der kriegerischen Situation ausprobiert wird, wird später auch auf andere Bereiche angewandt. Daß der Krieg der Vater aller Dinge ist, gilt in einem erschreckenden Umfang auch für die Massenmedien. Nicht umsonst ist das Objektiv der Kamera immer wieder mit einem Gewehrlauf verglichen worden: Man schießt ein Bild, man erschießt eine Szene, man hat Ladehemmung und so fort. Man denke nur an die gewichtige Rolle, die der Film kraft des teuflischen Ingeniums von Joseph Goebbels in den Vernichtungsstrategien des Holocaust und in der Durchhaltepsychologie des Zweiten Weltkrieges gespielt hat. Eines der bedeutendsten Bücher über die Wahrnehmungsästhetik der Massenmedien ist das schmale Bändchen von Paul Virilio "Krieg und Kino",[1] und an Virilio schließe ich mich zunächst mit Überzeugung an.

Es ist eine alte Weisheit der Kriegsmänner: "Die Macht der Waffen ist nicht rohe Gewalt, sondern eine geistige Kraft" (Ortega y Gasset). Es gibt keinen Krieg ohne Selbstdarstellung, keine Waffe ohne psychologische Mystifikation. Ist eine neue wirkungsvolle Waffe erfunden, gerät sie in den Braintrust der psychologischen Manipulation. Denn Waffen sind nicht nur Werkzeuge der Zerstörung, sondern auch der Wahrnehmung. Sie stimulieren durch ihr Vorhandensein und ihr Sosein unsere Sinnesorgane und unser zentrales Nervensystem, beeinflussen unsere Stimmungen und Reaktionen. Ein bekanntes Beispiel ist die JU 87, der deutsche Sturzkampfbomber, der sich mit ohrenbetäubendem Geheul auf seine Opfer stürzte und sie zunächst lähmte, ehe er sie vernichtete.

So gehört die psychologische Wirkung elementar zu allen Elementen einer Kriegsführung. Denken Sie nur daran, wie das Hoffen auf die "Wunderwaffe" Adolf Hitlers den Durchhaltewillen der Deutschen stimuliert und den Krieg vielleicht auf Jahre verlängert hat. Das Element der Überraschung gehört dazu, in technischer, aber auch in psychologischer Sicht. Das neue Konzept des carpet-bombing, des Ausradierens deutscher Städte, ist ja nicht ein sinnvolles taktisch-militärisches, sondern ein ausschließlich psychologisches Konzept gewesen. Und der Überraschungseffekt des Abwurfs der Atombomben auf Hiroshima und Nagasaki, der Japan auf der Stelle zur Kapitulation zwang, war dieser Holocaust an Informationsexplosion, der mit dem Fallen des schwarzen Regens und der unbeschreiblichen Hitzeentwicklung das absolute Ende der Welt gekommen sah. Und nur dadurch, daß es damals schon Zeitungen und Rundfunk und Film gab, war das alles in dieser Breitenwirkung möglich.

Ich löse jetzt das Thema der Massenmedien von dem des Krieges und sage: Die inhärente Logik der Massenmedien ist immer zuerst und vor allem die Besetzung der immateriellen Felder der Wahrnehmung. Die Felder der menschlichen Wahrnehmung sind begrenzt, und vor allem, alle Dinge, denen wir begegnen, haben ihre positiven oder negativen oder ambivalenten Konnotationen. Die Geschichte der Massenmedien ist eine Geschichte des Kampfes um die Prägung der Wahrnehmungsfelder. Dabei sind die ökonomischen und machtpolitischen Effekte im äußeren Sinn sekundär, wenngleich natürlich die Einschaltquoten über die Höhe der Werbegebühren und damit auch über Personen und Möglichkeiten entscheiden. Aber die Werbung macht klar, worum es primär geht: Man muß im Gespräch sein, und man muß mit einer Sache - und sei es auch der Rüstungswettlauf, der angeblich einer erhöhten Sicherheit dient - eine positive Grundstimmung verbinden. Der ökonomische Effekt stellt sich dann eines Tages von selbst ein.

Die Logik zur absoluten Besetzung der Wahrnehmungsfelder, die den Massenmedien inhärent ist, erklärt ein wesentliches Element der geistigen Verfassung unserer Öffentlichkeit. "Zeitvorteil bedeutet Rechtsvorteil", so lautet ein alter römischer Rechtsgrundsatz. Er ist in unseren Tagen wieder zu hohen Ehren gekommen. Wer zuerst über einen Vorfall berichtet, hat den Vorteil, die Wahrnehmung dieser Sache frei zu prägen.

Deshalb der gewaltige Medienrummel um alle spektakulären Ereignisse: Nicht nur, man will und muß dabeigewesen sein, sondern auch: man möchte etwas exklusiv haben und entdecken vor dem Anderen, um die eigene Sicht der Dinge in das Feld der Wahrnehmungen einbringen zu können. Allem journalistischen Ethos zum Trotz: schon das, was man meldet, ist gegenüber dem, was man ausläßt, eine gewertete Sicht der Wirklichkeit. Die ständige Beschleunigung von Welt, die sich mit der Ausbreitung der Massenmedien vollzieht, hat dann allerdings die Verdampfung von Wirklichkeit zur Folge. Die Nachricht von gestern ist - wie jeder weiß - dann tatsächlich fast, als sei sie nie gewesen.

Die Störung von Raum und Zeit

Ein zweiter Aspekt in der Wahrnehmungslogik und Ästhetik der Massenmedien ist zu beschreiben. Ich schildere Ihnen dazu einen beliebigen Filmanfang, Kevin Costners "Dances with Wolves", "Der mit dem Wolf tanzt": Amerika, um 1860. Im Land tobt der Bürgerkrieg zwischen den Nord- und Südstaaten, es ist die Zeit der großen Trecks, in denen die weißen Siedler in das indianische Land ziehen. Leutnant Dunbar, Offizier der Nordstaatenarmee, reitet mit seiner Truppe eine Attacke. Die Kamera sitzt manchmal mit auf dem Pferd, photographiert von unten galoppierende Hufe, läßt im Gegenschuß den Mut des Angreifers erahnen, die Schüsse peitschen durch den Kinosaal, als ob man selbst die Zielscheibe wäre. Die Kamera ist allüberall, und mit ihr fliegt der Zuschauer durch Zeit und Raum. Film ist, so hat Nam June Paik gesagt, "Film ist nicht ich sehe, Film ist ich fliege".[2]

Das muß man sich einmal klarmachen, daß sich die bewegten Bilder in Film und Fernsehen grundlegend von den statischen Bildern in Photographie und Malerei unterscheiden. Bild ist nicht gleich Bild. Es ist nicht die Aufgabe einer Filmkamera, Bilder zu erzeugen, das machen Maler und Photographen seit eh und je. Die Aufgabe einer Kamera ist es, die Dimensionen zu manipulieren und zu gestalten. Es gibt nicht mehr die Gleichsetzung des menschlichen Blicks mit dem Auge der Kamera. Nein, die euklidische Linearität wird aufgehoben, die Kamera selbst gerät in Bewegung, und der menschliche Blick, der dem folgen will, gerät in einen Taumel von Bewegung. Nicht nur das Objekt bewegt sich, nein, auch das Subjekt bewegt sich mit, und Raum und Zeit lösen sich auf zugunsten einer immer wieder neu herzustellenden Beziehung.

Die technische Grundlegung für die Veränderung ist zunächst die fahrende Kamera, die Kamerabewegung, dann aber vor allem der Schnitt, der zu ganz unterschiedlichen Zeiten und an unterschiedlichen Räumen Aufgenommenes zusammenfügt. Die Bilder werden damit sozusagen gegen den Strich gebürstet. Bilder sind ja, im Gegensatz zu den Worten, eher das Statische, das Verläßliche, auch das Herausfordernde, weil es meine eigenen Bilder in Frage stellt. Und das Sichtbare hat ja - von der Schöpfung an - auch einen sicheren Ordnungscharakter und -effekt.

Hier stellt sich nun nahezu das Gegenteil ein. Neben der sinnlichen und sichtbaren Ordnung tut sich ein ungeahnter Kosmos neuer Bilder auf, wie von einer unsichtbaren Geisterhand zusammengefügt. Bilder werden gestohlen und retuschiert, fremde Handlungen werden ihnen unterstellt, sie werden eingefangen und verkauft. Man sieht ein Bild, wie die Wasservögel in der Ölpest untergehen, und hört den Kommentar, daß der Ölteppich aus den Sprengungen Saddam Husseins das ganze Meer verseucht. Aber es sind Aufnahmen, die zu ganz anderer Zeit und an ganz anderem Ort aufgenommen sind. Was ist hier Wirklichkeit, was ist hier Schein, und wo bin ich in diesem Wirbel von Raum und Zeit?

Das bewegliche Bild in Film und Fernsehen ist eine grundlegende Störung der Raum- und Zeitdimension des gewohnten Lebens. Die Einheit von Raum und Zeit, in der ich lebe, die Grundkategorien des menschlichen Daseins - dem menschlichen Wesen eignen weder Ubiquität noch Ewigkeit - diese Grundkategorien sind tendenziell außer Kraft gesetzt. Die Raumtiefe wird zur Zeitdimension des projizierten Raumes, die kinetische Beschleunigung verwandelt jeden Realismus, die Störung der Chronologie wird zum Grundsatz einer neuen Ästhetik. Wen verwundert es, daß die Filme nicht mehr das Leben abbilden, sondern das Leben sich nach den Filmen richtet? "Ich kann schon nicht mehr denken, was ich will", hat Duhamel schon 1930 gesagt. "Die beweglichen Bilder haben sich an den Platz meiner Gedanken gesetzt."

Wahrheit und Schein der Bilderwelt

Ich will, was hier zu sagen ist, wieder an einem Beispiel zu zeigen versuchen. Wir werden im Augenblick überzogen mit einer Reihe von Filmen, die in schönen Bildern Geschichten aus der Nazizeit erzählen. Der große Erfolgsfilm "Herbstmilch" gehört dazu, und "Hitlerjunge Salomon", der sich sogar - sicherlich zu Recht - rühmt, eine geschehene Geschichte ganz gewissenhaft zu erzählen. Und Hans W. Geissendörfers "Gudrun", auf der diesjährigen Berlinale im Februar uraufgeführt, gehört mit in diesen Kreis. "Gudrun" ist die Geschichte eines zwölfjährigen Mädchens in der Nazizeit. Hin- und hergerissen zwischen der Mutter, die in Nürnberg sich mit einem SS-Mann eingelassen hat, und dem Vater, der im Krieg ist und desertiert, wächst sie in einem fränkischen Dorf bei der Großmutter auf. Der Ortspfarrer hält aufrührerische Reden und wird verhaftet. Der Sohn des Pfarrers, der wieder zum Jungvolk dazugehören möchte, verrät den desertierten Vater Gudruns, der im Keller des großelterlichen Gasthauses sitzt. Der Vater wird erschossen, Nürnberg sinkt in Trümmer. Also eine durch und durch dramatische Geschichte. Aber der Film erzählt diese durchaus stimmige Geschichte in einer eigentümlichen Nostalgie, in einer Lust am Schönen mitten im Grauen. Die Sonne fällt durch die dichten Bäume des fränkischen Waldes, der See liegt traumverloren da, vom Kirchturm hat man einen herrlichen Blick über das Dorf im Tal, und noch in der Gaststube webt die Sonne Schleier von Staub in den Raum hinein. Was da entstanden ist, ist "eine Art Nazi-Heimatfilm", "in dessen Bildsprache so viel Heimat ist, daß der Nationalsozialismus nur noch als fremde, äußere Bedrohung erscheinen kann, jene Beschädigung einer Idylle, die deren Wert erst verdeutlicht".[3]

Eine durch und durch schöne Welt ist es, in der es eigentlich keine wirklich Bösen gibt. Wer damals ein Kind war, wie ich in den Jahren des Nationalsozialismus, der wird seine Kindheitswelt gut wiedererkennen. Das Leben ging weiter, und daß man im See schwimmen lernte oder den ersten Kuß gab und empfing, das war ebenso bedeutsam wie der Sieg der deutschen Truppen, der aus den Volksempfängern emphatisch verkündet wurde. Aber diese historische Erinnerung, reproduziert in einer Zeit, in der wir um die Shoah, um Stalingrad und um Hiroshima wissen: das schlägt der Wahrheit ins Gesicht. Es ist eben doch so, daß ein Gespräch über Bäume zu einem Verbrechen werden kann, weil es so vieles andere verschweigt. Die historische Erinnerung und die ästhetische Wahrheit sind zwei unterschiedliche Dinge, und der Duktus der Subjektivität geht im ungeklärten Verhältnis zwischen Bild und Abbild leicht verloren.

Die Wahrheitsfrage drängt sich in der Medienwelt deshalb so gebieterisch in den Vordergrund, weil die Herrschaft der Film-Realität in so enorm überragender Weise auf Täuschung beruht. Man braucht nicht bis zu politischen Affären wie Panzerlieferungen oder Stasi-Akten zurück- oder voranzugehen, um verständlich zu machen, ein wie elementarer Teil unserer Wirklichkeit die Täuschung ist. Aber dies geht in der Film-Realität nun ins Grundlegende: Die Logik der beweglichen Bilder verändert die ethische Frage nach der rechten Beziehung zwischen Bild und Abbild in die ästhetische Frage nach dem überzeugenden Schein (Virilio). Der Unterschied zwischen Lüge und Schein wird nebensächlich, der äußere Anschein ist kaum mehr zu durchschauen. Was ist hier echt, was unecht, was ist wahr? Der Realitätsanschein wird im wörtlichen Sinn "überwältigend", je perfekter - wie die gegenwärtigen amerikanischen Filme zeigen - umso besser, und die Leute laufen in Massen dahin. Dieses Element von Veräußerlichung macht die Wirklichkeit zu einer großen Oper. Aber der Prickel des schönen Scheins, den wir vor der realen Oper noch empfinden, verschwindet angesichts der wachsenden Vermutung: vielleicht könnte das doch am Ende - so gewesen sein.

Die Besetzung der Wahrnehmungsfelder, die Störung von Raum und Zeit, die Ästhetik des überzeugenden Scheins - wo kann da nun unser

Ort sein als Menschen, die in dieser Welt der Medien aufwachsen und mit ihr leben. Mehr noch: die sie mit zu verantworten haben und sie in einem Bezug zu der Wahrheit sehen wollen, die das Wesen des Menschen und der Welt aufdeckt und seine Vergangenheit und Zukunft damit mit umfaßt. Ich will die beiden Perspektiven, die ich hier entwickeln möchte, wieder jeweils mit einem Film belegen und zu veranschaulichen suchen.

Der Mensch in der Medienwelt - ein Voyeur

Krzysztof Kieslowski hat unter seinen Dekalog-Filmen in Dekalog VI - in der längeren Filmfassung unter dem Titel "Kurzer Film über die Liebe", auch im Kino erschienen - nach meinem Verständnis eine Parabel über die Begegnung von Menschen im Zeitalter der Medien geschrieben. Der neunzehnjährige Postangestellte Tomek, in einem der trostlosen Warschauer Wohnsilos bei der Mutter eines Freundes wohnend, beobachtet mit einem gestohlenen Fernrohr regelmäßig die etwa dreißigjährige Magda im Nachbarblock. Er kennt ihre Gewohnheiten, stellt seinen Wecker auf die Zeit, wann sie nach Hause kommt, ruft sie an und schweigt, stört ihre intimen und wechselnden Männerbekanntschaften gelegentlich mit einem ihr ins Haus geschickten Suchtrupp, der die angeblich defekte Gasleitung reparieren will. Es kommt zur Begegnung der beiden, der erste intime Kontakt mit der routinierten Frau endet verheerend für den jungen Mann. Er stürzt davon, schneidet sich die Pulsadern auf. Nun ist sie es, die ihn sucht, auf Distanz und Nähe mit ihm Kontakt aufzunehmen sucht. Film- und Fernsehfassung enden unterschiedlich. In der Filmfassung besucht Magda Tomek in seiner Wohnung, schaut nun ihrerseits durch das Fernrohr auf ihre eigene Wohnung, sieht dort - als Vision, als Wunsch? -, wie Tomek seine verbundene Hand auf die ihre legt. In der Fernsehfassung findet Magda Tomek wieder an seinem Postschalter sitzend. "Ich beobachte Sie jetzt nicht mehr", sagt er. Ist das der Anfang einer Liebe unter Erwachsenen oder das Ende von Liebe überhaupt?

Der Mensch im Zeitalter der Medien ist ein Voyeur. Die Determination, gerade auch in der Kirche und in der Theologie, durch idealistische und personalistische Konzeptionen läßt die Erfahrung von Wirklichkeit immer nur im Rahmen einer Ganzheits- und einer Totalitätserfahrung zu. Aber das ist längst nicht mehr die Art und Weise, in der uns heute Wirklichkeit begegnet. Der Filmtheoretiker Siegfried Kracauer hat 1960 den Slogan von dem Film als der "Errettung der physischen Realität" geprägt, und ich denke, er hat damit recht. Damit ist gemeint: die Welt ist wie von Bildtrümmern übersät. "Es gibt keine Ganzheiten in dieser Welt, viel eher gilt, daß sie aus Fetzen von Zufallsereignissen besteht, deren Abfolge an die Stelle sinnvoller Kontinuität tritt".[4] Fragmentarische Individuen in ihren Rollenspielen, mitten in fragmentarischer Realität. Es ist die Welt von Marcel Proust, von James Joyce, von Virginia Woolf. Eine Welt, die getragen ist von der Überzeugung, daß kein Mensch je ein Ganzes darstellt und daß es niemals möglich sein wird, jemanden genau zu kennen, weil er sich schon im Prozeß der Beobachtung ständig neu verändert, so daß nur die Veränderungsprozesse beschreibbar und auslotbar sind bis in die tiefsten Tiefen.

Der Film aber, gerade weil er so stark von den Bildern her bestimmt ist, reduziert dies - oder wie man will - verstärkt dies in Richtung auf die Elemente der physischen Realität. Man muß einmal bei der Produktion eines Films dabeigewesen sein, um zu begreifen, welch eine entscheidende Rolle etwa der Bildausschnitt spielt: immer wieder wird darüber diskutiert, auch über den Vorder- oder den Hintergrund. "Der Film macht sichtbar", sagt Kracauer, "was wir zuvor nicht gesehen haben oder vielleicht nicht einmal sehen konnten".[5] Straßen, Gesichter, Bahnhöfe, Brücken: aus dem Gesamtsapekt des Universums herausgerissen, isoliert, und möglicherweise in neue Zusammenhänge hineingestellt, entwickeln eine ungeahnte physische Realität: die Realität des Fragmentarischen. Und dann muß man zugleich auch die Verzweiflung eines Filmregisseurs wie Werner Herzog miterleben, der durch die Welt reist auf der Suche nach Bildern, die diese physische Wirklichkeit noch transportieren können. "Es ist ganz einfach so", sagt Herzog, "daß es Bilder nur noch ganz wenig gibt. Also, wenn ich hier so rausschaue, da ist ja alles zugebaut, da sind ja fast nicht mehr Bilder möglich. Man muß fast wie ein Archäologe mit dem Spaten graben, und man muß eben schauen, daß man aus dieser beleidigten Landschaft heraus noch irgend etwas finden kann". Herzog wäre bereit, selbst in den Krieg zu ziehen oder auf den Mars zu fliegen, nur um der Bilder willen, nur um dieser direkten Begegnung mit der physischen Realität willen.

Mir geht es also - wahrnehmungspsychologisch - um die Ehrenrettung des Voyeurs. Der Voyeur versteht die Bilder, die er sieht, nicht als das Ganze. Weder Original noch Abbild: Bilder sind Einzelbilder, sind nicht die Wahrheit, müssen hinterfragt und konterkariert werden. Sind möglicherweise nur überzeugender Schein, aber auch dafür kann man Qualitätsgefühle und -merkmale entwickeln. Das Problem dabei ist allerdings, ob der Mensch unter der Herrschaft der Film-Realität nicht allzu häufig im Fragmentarischen sich festsetzt, den Mut etwa - um mit Kieslowskis Dekalog-Film zu sprechen - vom Beobachten mit dem Fernrohr zur persönlichen Begegnung nicht mehr findet. So daß die Aktivität, die Lucien Sève vom Zuschauer fordert: "sein durchdringendes Auge muß sich vom Körperlichen zum Geistigen bewegen", erst noch entwickelt werden müßte. Denn die Zwangsläufigkeit des Fortschritts vom Fragmentarischen zum Ganzen, die Charles Keukelere so stark herausgestellt hat, die würde ich aus Erfahrung doch bestreiten: Daß das Kino dadurch, "daß es die Zahl und Qualität unserer Sinneswahrnehmungen vermehrt, zu einem mächtigen Ferment der Spiritualität" wird.[6] Das ist zwar eine häufigere Erfahrung, als man gemeinhin aus traditioneller theologischer und kirchlicher Warte sonst vermuten würde. Aber ein entscheidender Gesichtspunkt - und zwar ein theologischer oder philosophischer - muß dabei doch noch in die Theoriedebatte über die Herrschaft der Film-Realität eingebracht werden; und dies sei mein Schluß.

Die Theorien des Sehens und die Grenzen des Sichtbaren

Um noch einmal mit dem Filmbeispiel zu beginnen: Wim Wenders hat gerade sein opus magnum "Bis ans Ende der Welt" abgedreht, die dreistündige Kurzfassung (die Rohschnittfassung ist etwa sechs Stunden lang) ist auch schon einmal durch unsere Kinos gelaufen. Als Gesamtwerk, denke ich, ist der Film mißglückt, die einzelnen Teile fügen sich nicht zu einer Einheit zusammen. Aber im gedanklichen und bildhaften Ansatz ist "Bis ans Ende der Welt" das geniale Werk unseres bedeutendsten deutschen Filmregisseurs, und es ist eben ein Film über die verschiedenen Theorien des Sehens und über die Grenzen des Sichtbaren.

Der Film spielt in einer nahen Zukunft, im Jahr 1999 und im Übergang in das Jahr 2000. Eine Zeit ist es, in der es computergesteuerte Autos gibt, in denen man am Steuer schlafen kann und die einen doch von Venedig nach Paris über die Straßen mit den geringsten Staus ganz sicher bringen. Straßen freilich, auf denen man auch plötzlich aus dem Bereich der Computersteuerung herausfallen kann. Eine Zeit ist es, in der ein Atom-Satellit abzustürzen droht und mit seinem Absturz eine auf magnetischen und elektroakustischen Feldern beruhende Welt zum Untergang verdammt. Ein Film über die verschiedenen Aspekte des Sehens, wie gesagt. Da ist, am Anfang und am Schluß des Films, der Blick aus dem Weltraum, der Blick auf das Ganze der Erde: seltsam nichtssagend bei aller Schönheit, die der Planet Erde ausstrahlt. Da ist der Blick auf die verbrauchten, von einer überbordenden Werbung verdorbenen Bilder. In einer Hetzjagd ohnegleichen führt der Film den Zuschauer durch die Städte und Hotels der Welt: von Chicago nach Berlin (Hotel Adlon), von dort nach Lissabon und Moskau (Hotel Ukraina), mit der Transsibirischen Eisenbahn nach Peking, Tokio, per Schiff nach San Francisco, von dort nach Sydney. Überall die gleichen Bilder: aufsteigende Flugzeuge, genormte Hotelzimmer, man wacht auf und weiß nicht, wo man ist.

Und dann, im zweiten Teil des Films, das genaue Gegenteil: Die Kamera verweilt auf einer australischen Landschaft, im Gesicht eines der Ureinwohner, der Aborigines vom Stamme der Mbantua, und entdeckt dabei die Welt. Und dann noch der letzte, der am weitesten vorangetriebene Aspekt des Sehens: Der Vater des Helden, Dr. Henry Farber, hat in seinem australischen Forschungszentrum ein Verfahren entwickelt, das durch die Aufzeichnung und Übertragung von Gehirnströmen Blinden das Sehen möglich macht. An der blinden Mutter von Sam Farber wird das Experiment durchgeführt, ein Experiment, das glückt, wenn auch die Mutter stirbt. Und dann schreitet Dr. Henry Farber mit Unterstützung seines Sohnes und dessen Geliebter, Claire Tourneuer, zu einem letzten gewaltigen Unternehmen: Das entwickelte Verfahren wird eingesetzt, um die Träume des Menschen sichtbar und faßbar zu machen. Die Aborigines ziehen aus dem Forschungscamp aus: nein, da sind die Grenzen überschritten, das Geheimnis des Menschen muß respektiert werden. Das Experiment führt zum Erfolg, die Träume werden in irrsinnigen Farbkombinationen sichtbar, und die totale Seh-Sucht bricht aus: Claire und Sam sitzen nur noch da, über ihr eigenes Seelenleben gebeugt, die äußere Welt versinkt. Hilflos der physischen Realität des Seelischen und Geistigen ausgeliefert. Die totale Manipulierbarkeit des Menschen durch die Bilder ist erreicht, von der Claire und Sam auf unterschiedliche Weise dann doch noch errettet werden.

Eine Kirche, die sich unablösbar mit dem Menschen unserer Tage in der Medienwelt bewegt, muß - das ist meine Schlußfolgerung - die verschiedenen, längst erkennbaren Seh-Theorien aufzunehmen und weiterzuentwickeln suchen. Gesucht werden Bilder und Bildfolgen, Erzählungen und Bildcollagen, die mit der Wahrnehmung und Errettung der äußeren Realität zugleich die Grenzen der Sichtbarkeit respektieren und - im Bilde - festhalten und bewahren. Sonst steht die totale Herrschaft der Film-Realität ins Haus, die Seh-Sucht wird unüberwindlich und die Manipulierbarkeit aller führt zur einsamen Vernichtung. "Der Gott in uns selbst" - heißt es in Wenders "Bis ans Ende der Welt" - "wird uns mit Haut und Haaren verschlingen." Zentraler Text aber einer theologischen Medienästhetik ist für mich 1. Korinther 13: "Wir sehen jetzt durch einen Spiegel ein dunkles Bild; dann aber von Angesicht zu Angesicht." Die eschatologische Dimension muß in jedem Bild, wenn möglich, zumindest in jeder Bilderzählung und in jeder Bildsequenz aufrechterhalten werden. Die Differenz zwischen dem Bejahen des Fragmentarischen und der Erfahrung des Ganzen muß erkennbar und muß durchgehalten werden. Gott als das Geheimnis des Menschen und der Welt, ein Geheimnis, das die Freiheit des Menschen und der Natur ausmacht, muß in den Bildern erfahrbar sein können. Und von den Bruchstücken, die der Voyeur Mensch in den Bildern, im Spiegel zu sehen bekommt, ist in 1. Korinther 13 ja auch die Rede: "Jetzt erkenne ich stückweise; dann aber werde ich erkennen, wie ich erkannt bin" (1. Korinther 13,12).

Anmerkungen

1 P. Virilio: Krieg und Kino. Logistik der Wahrnehmung. München 1986.

2 Zit. n. P. Virilio: a.a.O., S. 19.

3 G. Seeßlen in: epd Film, 3/1992, S. 36.

4 S. Kracauer in: F.-J. Albersmeier (Hg.), Texte zur Theorie des Films. Stuttgart 1979, S. 239.

5 S. Kracauer: a.a.O.

6 C. Keukelere in: F.-J. Albersmeier, a.a.O., S. 258

Harvey Cox

Konsumreligion und Bilderwelt

Vaclav Havel, Schriftsteller, Bühnenautor und erster Präsident der wieder demokratisch gewordenen Tschechoslowakei, hat gemeint, daß mit dem Niedergang des Kommunismus nunmehr das 19. wie auch das 20. Jahrhundert vorüber seien. Wir befänden uns jetzt in einem postmodernen Zeitalter. Welches Gepräge wird dieses neue Zeitalter haben und wie wird es sich von seinem Vorgänger unterscheiden? Ersten Anzeichen zufolge wird es ein Zeitalter sein, das von der Ideologie des freien Marktes und von dem wachsenden Einfluß der Medien beherrscht sein wird. Welche theologische Bedeutung hat das Zusammenspiel dieser beiden Faktoren?

In der eben zitierten Ansprache, die Vaclav Havel anläßlich des Welt-Wirtschafts-Forums am 4. Februar 1992 in Davos hielt, sagte er, in dem "modernen" Zeitalter, welches wir nun hinter uns ließen, habe die Vorstellung vorgeherrscht, "daß die Welt und alles Sein ein bis ins letzte erklärbares und von einer begrenzten Anzahl universaler Gesetze gesteuertes System sei, das der Mensch begreifen und zu seinem Nutzen rational lenken könne." Diese Einstellung habe zu dem Glauben geführt, der Mensch "sei in der Lage, alles Bestehende objektiv zu beschreiben und zu erklären." Der Kommunismus sei nur ein - wenn auch extremes - Beispiel dieser anmaßenden Haltung. Havel erinnerte daran, daß der Kommunismus nicht durch Waffengewalt zu Fall gebracht worden sei, sondern "durch das Leben, den menschlichen Geist, das Gewissen, den Widerstand des Seins und den Widerstand des Menschen gegen Manipulation." Für Havel liegt das Problem heute darin, daß wir, um die schrecklichen Folgen dieser vorangegangenen Kontrollsysteme zu überwinden, auch weiterhin nach allumfassenden Antworten und globalen Ideologien suchen. Doch das, sagt er, werde nicht genügen. Was wir bräuchten, sei "etwas anderes, etwas Weiterreichendes: einen neu erwachenden Sinn für das Einzigartige und Unwiederholbare und die Fähigkeit, Dinge so wie andere zu sehen, einen Sinn für transzendentale Verantwortung."

Dicht unter der Oberfläche von Havels Worten vernehme ich eine nachdrückliche, ernste Warnung: Wenn wir versuchen, an die Stelle des Kommunismus - "den Gott, der versagt hat" - nun den freien Markt - "die unsichtbare Hand" - zu setzen, als sei dies die allumfassende Formel für die Ordnung menschlichen Lebens, dann werden wir den manipulativen Kräften nicht entrinnen können. Sie würden fortbestehen - in anderer Form.

Meine Befürchtung ist die, die der polnische Philosoph Ryszard Legutko mit den Worten beklagt, seine Landsleute - und wir alle eigentlich - seien, "kaum dem einen Gefängnis entflohen, nun anscheinend dazu bestimmt, ihr Leben in einem anderen zuzubringen, einem Warenhaus." Wir sind nach wie vor Opfer eines manipulativen Systems. Selbst wenn dieses sich nicht der unverhohlenen Techniken totalitärer Staaten bedient, so fährt es doch fort, uns unserer Freiheit zu berauben. Totalitäre Systeme machen aus der Welt einen Gulag - der Freie Markt und die Medien machen aus ihr ein Einkaufszentrum.

Der Umzug aus einem Gefängnis in ein Einkaufszentrum hat für die Menschen schwerwiegende Folgen. Das eigentlich schon immer labile Gleichgewicht zwischen Markt, Staat und Gesellschaft hat sich zugunsten des Marktes verschoben: Er ist jetzt tonangebend. Einer nach dem anderen werden alle unsere Lebensbereiche, die politischen und ökonomischen, die kulturellen und theologischen, sowie unsere Spiritualität und unsere Sexualität, von seinen käuflichen Werten und betörenden Bildern besetzt.

Welches ist nun die Rolle des Christentums in dieser neuen, von den Gesetzen des Marktes beherrschten Welt? Das Christentum hat zwei Aufgaben: die prophetische Kritik und die utopische Zukunftsschau. Disput und Dialog sind die beiden Formen der Begegnung zwischen den Theologien und der Markt-Medien-Gesellschaft. Ich werde mich hier nur mit der Rolle des Christentums als prophetischer Kritiker befassen.

Die Propheten des Alten Testaments und die biblischen Vorstellungen von Götzenverehrung sind die Bezugsgrößen meiner Analyse der Macht und des Einflusses, die der Freie Markt und die Bilder der Massenmedien heute haben. Dies soll gewiß nicht heißen, daß ein ausgewogener und von kulturellen Werten getragener Markt nicht auch eine positive Rolle spielen könnte oder daß die Medien, ihrer derzeitigen Rolle als ergebene Diener warenzentrierten Denkens enthoben, nicht sehr wohl auch Nützliches beizutragen vermöchten. Aber wir müssen da anfangen, wo wir stehen.

Das Leben als Inszenierung

Der deutsche Theologe Ludwig Feuerbach schrieb 1843: Unser Zeitalter zieht "das Bild der Sache (vor), die Kopie dem Original, die Vorstellung der Wirklichkeit, den Schein dem Wesen".[1] Mir scheint, Feuerbach war seiner Zeit weit voraus. Wir müssen erkennen, daß der Markt, sobald er vorherrscht, nicht nur überwacht, was wir tun - er bestimmt auch, wer wir sind. Er verzerrt unsere Wahrnehmung von Wirklichkeit, indem er sowohl unsere Sinne als auch unsere Seelen verkümmern läßt.

Auch der französische Gelehrte Guy Debord[2] beschreibt sehr klar die unheimliche Reichweite und den beunruhigenden Einfluß, den der Markt in Verbindung mit den Medien hat. Das Schlüsselwort dieser Verbindung lautet "Inszenierung". In seinem Buch "Gesellschaft als Inszenierung" schreibt er, daß im Zuge der Verwandlung einer Gesellschaft in ein inszeniertes Spektakel Trugbilder die Wirklichkeit durchsetzten, die uns, wie schon Feuerbach vorher sah, zunehmend unfähig machten, zwischen Schein und Sein zu unterscheiden. Nach und nach begäben wir uns in die Bilder hinein und fingen an, sie zu leben. Doch da überall geschauspielert werde, bemerkten wir nicht die Veränderung an uns selbst. Auf diese Weise werde eine Art Massenbewußtseinslosigkeit gefördert. Dies sei ein echter seelischer Defekt, der nur selten erkannt werde, da ihn fast jeder habe. Freilich, nicht alle Menschen seien durch diesen Virus bereits völlig geschwächt. Dennoch sei diese Art von Verwirrung endemisch in einer Medien- und Konsumgesellschaft.

Problematisch aus christlicher Sicht ist das Phänomen der Nur-Inszenierung insofern, als es, anstatt die versprochenen unbegrenzten Vorteile zu zeitigen, zunehmend Ängste schürt. Das Sündhafte an ihm ist, daß es schlichtweg eine Lüge ist. Das Versprechen, menschliche Bedürfnisse nach Liebe, Anerkennung und Gemeinschaft zu erfüllen, wird nicht wirklich eingelöst - so entsteht der Wunsch nach immer mehr. Tatsächlich ist die Inszenierung darauf angelegt, unerfüllbare Bedürfnisse zu stimulieren. "Das Bild ist die perfekte Ware: Es wird immer von neuem verschlungen, weil man es nie besitzen kann", schreibt Jeanne Shuler in einem Aufsatz. Ewig unbefriedigt kommt der Verbraucher immer wieder und will mehr. So ist denn kaum verwunderlich, daß die Krankheit der Bulimie, also das unaufhörliche Herunterschlingen von Nahrung und ihr Erbrechen, in unserer Gesellschaft immer häufiger vorkommt: Es ist der vergebliche Versuch, einen inneren Hunger zu stillen.

Vom christlichen Standpunkt aus ergeben sich verschiedene Fragen an diese "Schausteller-Gesellschaft". Sie entleert und erschöpft nämlich nicht nur uns; noch folgenreicher ist, daß sie die Armen dieser Welt dessen beraubt, was ihnen von Rechts wegen zusteht. Denn indem sie solche eigentlich unerfüllbaren Bedürfnisse schafft, vertieft sie die Kluft zwischen den wohlhabenden und den darbenden Teilen der Welt, da sie den Reichen suggeriert, sie bräuchten noch erheblich mehr als das, was sie bereits haben. Den Entschluß, ein einfacheres Leben zu führen, mögen manche durchaus wahrmachen können, doch solange sich die Mehrheit von den falschen Versprechungen der Waren blenden lassen, wird sich wenig ändern.

Auch mit Schuldgefühlen und Moralpredigten wird es uns in der Ersten Welt kaum gelingen, diese Ungerechtigkeit zu beheben. Zuvor müssen wir erkennen, daß unser Heil und unsere Menschlichkeit ebenso auf dem Spiel stehen wie die Gerechtigkeit für die Ausgestoßenen dieser Gesellschaft. Wir werden uns nur ändern, wenn wir begreifen, daß der leibliche Hunger in Lima und Nairobi mit der spirituellen Leere unserer Gesellschaft zusammenhängt.

Unserem Bedürfnis zu besitzen sind buchstäblich keine Grenzen gesetzt, denn wir versuchen keine leibliche, sondern eine seelische Leere zu füllen. Unsere Unersättlichkeit ist grenzenlos, denn sie ist auf Grenzenlosigkeit programmiert. Eben das hält den Markt in Schwung. Wir müssen endlich anerkennen, daß unsere grenzenlose Unersättlichkeit seelische und zugleich soziale Ursachen hat.

Heutzutage wird an der Konsumkultur häufig kritisiert, sie sei "materialistisch" - und deshalb von Übel - und nicht genügend "spirituell". Welch ein fundamentaler Irrtum! Frühe Phasen des Kapitalismus könnten vielleicht "materialistisch" genannt werden - doch selbst darüber ließe sich streiten. Unsere gegenwärtige bilddurchtränkte Konsumkultur ist, so behaupte ich, ganz gewiß keine materialistische Kultur. Vielmehr sucht sie - angestachelt von den Medien - nach obskuren Heiligen Gralen, die einander in rascher Folge ablösen. Sie sollen die spirituellen und psychologischen Werte liefern, die den Konsumgütern übergestülpt werden können.

Anders als uns viele "New Age"-Schwärmer weismachen wollen, findet der eigentliche Kampf nicht zwischen Materialismus und Spiritualität statt, sondern zwischen konkurrierenden spirituellen Gesinnungen, wobei das Materielle jeweils eine entscheidende Vermittlerrolle innehat. Das Christentum ist nicht anti-materialistisch. Es besteht auf der Schöpfung und der Menschwerdung Christi. Und es besteht darauf, daß das Reich Gottes auf Erden kommen wird. Jesus warnt uns vor dem Mammon; damit ist aber nicht das Materielle als solches gemeint, sondern eine falsche Spiritualität, die das Materielle kultisch verehrt. Die Inkarnation des Mammon ist die heutige Medien- und Konsumgesellschaft.

Susan Sontag schreibt sehr treffend: "Eine kapitalistische Gesellschaft benötigt eine Kultur, die auf Bildern beruht. Sie muß Unmengen an Unterhaltung aufbieten, um die Kauflust zu stimulieren und so die aus Standesunterschieden, Rasse und Geschlecht entstehenden Schmerzen zu betäuben."[3]

Die Wahrheit ist die: Durch das ununterbrochene Kaufen und Wegwerfen von Waren berauben wir nicht nur die Armen dieser Welt, sondern verarmen selbst. Waren - das sind Brot und Spiele einer Gesellschaft, die nicht nur der Dritten Welt ihre Lebensgrundlage entzieht, sondern auch unser spirituelles Leben verkümmern läßt.

Im Tempel der Konsumreligion

Die Verstümmelung des Menschen, die mit dieser Schaustellergesellschaft einhergeht, kann der Theologe am besten im Zusammenhang mit dem biblischen Verbot der Idolatrie, der Götzenanbetung, verstehen. Wir müssen hier sehr behutsam vorgehen. In der christlichen Auslegung bedeutet das biblische Verbot von Götzenbildern kein generelles Bilderverbot. Vielmehr bezieht sich der Begriff "Idol" nur auf die Objekte, Personen oder Ideen, für die wir Gefühle der Achtung, des Respektes und der Liebe hegen, die deren wirklichen Wert übersteigen. "Idol" wird also im Sinne von "Fetisch" verstanden. Man denke nur an den bemitleidenswerten Liebhaber, dessen Leidenschaft für seine Geliebte sich so verschiebt, daß er am Ende lieber ihre Strümpfe als sie selbst küßt.

Soziologen liegen gar nicht so falsch, wenn sie darauf hinweisen, daß in einer Konsumgesellschaft Waren zu "Fetischen" werden: Deren eigentliche Bedeutung wird durch allerlei psychologisch erklärbare Assoziationen, die nichts mit ihrem wirklichen Gebrauchswert zu tun haben, verdunkelt. Dies ist aber wiederum etwas anderes als der bloße "Tauschwert" der klassischen marxistischen Theorie. Was wir heute vorfinden, ist eher eine unechte Form von "Gebrauch" - ein Pseudogebrauch, ein eingebildeter Nutzen. Wir kaufen bestimmte Waren, weil sie uns etwas verheißen, über das behauptet wird, wir bräuchten es. Aber wir kaufen diese Waren in ihrer Funktion als Bilder und nicht als Gebrauchsgegenstände.

Es ist hilfreich, das Kaufhaus als Tempel zu betrachten, in dem die Priester unserer Konsumreligion ihre Götzen aufgerichtet haben. Dieser Vergleich ist gar nicht so weit hergeholt. In den ersten Kaufhäusern hatte diese "Fetischisierung" der Verkaufsobjekte alsbald künstlerisches Niveau erreicht. Glasfenster ersetzten die Wände zur Straße hin: Das Schaufenster, Krippenszenerie und Kalvarienberg der Konsumwelt, war geboren. Die Auslagen wurden immer zielgerichteter gestaltet, die Schaufenster wurden zu einer Art Bühne, doch bezeichnenderweise ohne Schauspieler und ohne Handlung; denn in diesem Passionsstück ging es allein um die Requisiten: sie waren Handlung und Akteure zugleich.

Die Auslagen versorgten die Betrachter mit unzähligen Phantasiebildern und Schein-Identitäten. An diesen gläsernen Altären verzehrten die Konsumenten nun die ihnen dargebotene Hostie, das Etikett mit dem Markenzeichen. Sie empfingen das Sakrament, das ihnen Gott repräsentiert. Durch den Kauf haben sie die mit den Etiketten beschworenen Phantasiegebilde erworben. Die Verpackung, zunächst integraler Bestandteil des Objekts, hatte dieses nun in den Schatten gestellt.

"Fetischismus" hängt eng mit "Idolatrie" zusammen, und zwar nicht bloß im übertragenen, sondern im wörtlichen Sinn. "Idolatrie" meint Wertschätzung und Loyalität einem unangemessenen Objekt gegenüber - einem, das nicht hält, was es verspricht. Nach Paulus heißt Idolatrie: "das Geschöpf anstelle des Schöpfers anbeten". So wird denn das "Verzehren des Etiketts", also die Ware als Abendmahl, zum täglichen Ritual der Konsumgesellschaft. Das ist Idolatrie. Wir müssen erkennen, daß das Kaufhaus nicht nur im übertragenen Sinn der Tempel der postmodernen Anti-Stadt ist. Es ist reale Präsenz.

Es handelt sich um die Auskristallisierung unserer Gefühle, um den Schrein unserer am meisten verehrten Werte, unsere funktionierende Kathedrale. Es ist der Schaukasten unserer falschen Götter, die "Jenseitsvorstellung" all dessen, was wir in unseren geheimsten Hoffnungen gerne wären. Es scheint, als verbrächten wir nicht nur unser Erdendasein in einem Kaufhaus, nein, das Kaufhaus dient auch als Bauentwurf für unseren Himmel. Es verkörpert nicht nur, wer wir sind, sondern auch, was wir zu werden wünschen.

Die Werbung und der Warenkult

Was sollte nun im Geiste Jesajas und Jeremias unsere prophetische Antwort auf die herrschende Idolatrie sein? Ich meine nicht, daß sie lauten sollte, die Massenmedien seien samt und sonders zu verurteilen. Vielmehr sollte aufgezeigt werden, daß sie an den Warenkult und den freien Markt gefesselt sind, mit der Absicht, sie davon zu befreien für neue, kreative Aufgaben. Mit diesem Vorhaben einer "Theologie der Befreiung" müßten wir bei der Werbung einsetzen, denn sie ist die Repräsentantin der Repräsentationen, der "Katechismus" der Konsumgesellschaft und der Punkt, an dem die Fesselung der Medien am deutlichsten sichtbar wird.

Sut Jhally, der sich mit der Geschichte der Kommunikation befaßt, veranschaulicht anhand von amerikanischen Reklamebildern aus der Zeit von 1890 bis heute, daß die Repräsentation von Waren vier aufeinanderfolgende Stile durchlaufen hat, von denen ein jeder auf die jeweilige Marktlage und die unterschiedlichen sozialen Bedingungen reagierte.[4] Diese Stilepochen heißt es zu kennen, um zu erfahren, wie wir in diese Stadt der Warenhäuser geraten sind.

In den ersten Jahren landesweiter Werbekampagnen in Amerika präsentierte man Waren so, daß sie Macht und Überfluß, oder besser: Macht durch Überfluß suggerierten. So sieht man zum Beispiel in einer Werbung überdimensionierte Kühlschränke, die, wohlwollenden Wächtern gleich, winzige Städte überragen; oder riesige Automobile, die über Flüssen und Miniaturlandschaften stehen, symbolisch für ihre Fähigkeit, Entfernungen schrumpfen zu lassen. Man präsentierte die Produkte überdies gern in Licht getaucht oder von Strahlenkränzen umgeben - ein unzweideutiger Aufruf zu Ehrfurcht und Staunen, eine Art von "Re-Sakralisierung". Kommet und sehet, was Technik geschaffen hat!

Gegen Ende dieser ersten Phase in der Geschichte amerikanischer Werbung erschien in der Zeitschrift "Printer's Ink Monthly" eine Anzeige, die besagte, daß die Werbung gerade dabei sei, im Hinblick auf Inspiration den Platz zu besetzen, den die Religion vor vielen hundert Jahren eingenommen hatte. Der Text der Anzeige hätte die Glorifizierung der Mittel durchaus noch deutlicher beschreiben können, nämlich als das Aufsteigen einer neuen religiösen Mythologie, die sich zugleich vieler Motive jener Mythologie bedient, die sie verdrängt. Oder, wie Roland Marchand es noch klarer hervorhebt: "Die Apotheose von Waren stellt einen endgültigen Schritt dar in Richtung einer erfolgreichen, wenn auch weitgehend unbewußten Einpassung religiöser Bilder in Reklamegemälde, diesen modernen Ikonen eines Glaubens an Massenkonsum".[5]

In den Zwanziger Jahren wird ein weiterer Schritt in Richtung religiöse Adaptation vollzogen, den Sut Jhally "Ikonologie" nennt. Die neue Werbestrategie feiert nicht mehr bloß die reine Fülle und Macht der Waren. Man konzentrierte sich nun auf das, was Waren bedeuten, oder genauer gesagt, auf das, was sie nach dem Willen der Marktstrategen bedeuten sollten.

Schließlich waren diese feilgebotenen Dinge nicht nur einfach Dinge. Sie könnten, so wurde erklärt, soziale Bande festigen, traditionelle Bräuche stützen und überhaupt Sinn liefern, bedeutungsschaffend wirken in einer Industriegesellschaft, die sich doch gelegentlich vorkam wie ein Schiff auf hoher See, fernab vom festen Land und aller sicheren Werte verlustig. Jetzt konnte man auf den Reklametafeln strahlende Familien sehen. Vom Großvater bis zum Wickelkind - alle hatten sich um den neuen Kühlschrank versammelt. Jhally bezeichnet dies als das "Ikonenstadium". Denn genauso wie die klassische Ikone den Betrachter in eine mystische Vereinigung mit sich hineinzieht, so beziehen die modernen Ikonen die Verbraucher wie das Produkt mit ein. Sie bitten den Betrachter gewissermaßen "in sich hinein" - genau wie eine Ikone dies tut, aber eben nur auf eine nachgemachte und letztlich trügerische Art und Weise.

Jenes Ikonenstadium war indes nur von kurzer Dauer. Es wurde alsbald von dem "narzißtischen Stadium" abgelöst. Anstatt vorzugeben, dem Interesse der Gemeinschaft zu dienen oder den Betrachter mit dem Objekt zu verschmelzen, stellt sich das Produkt nun dem Einzelnen ganz zur Verfügung.

Narziß ist allein und starrt verzückt ins Wasser. Niemand ist bei ihm. Sein Spiegelbild nimmt ihn ganz in Anspruch, es verheißt ihm totale Erfüllung. Dem dient das Produkt. Großpapa und Kleinkind sind von der Bildfläche verschwunden. Jetzt verspricht das Produkt, mein eigenes Leben so zu verändern, wie ich es mir immer ersehnt habe. Dieses Deo, jene Seife oder jenes Waschmittel wird mir selbst zur Macht verhelfen. Ich verbeuge mich nicht länger vor dem Produkt, auch rechne ich nicht mehr damit, daß es Beziehungen fördert. Ich benutze es, um zu bekommen, was ich will. Es macht mich zu der Person, die ich sein möchte. Nach Jhally war im Amerika der fünfziger Jahre diese werbepsychologische Variante besonders beliebt.

Seit den Sechziger Jahren bis heute ist eine noch neuere Spielart von Idolatrie aufgetreten, die Jhally als "Totemismus" bezeichnet. In älteren Gesellschaften standen Totems für die Zugehörigkeit zu einer größeren Gemeinschaft, eines Stammes oder einer diesen zugeordneten Kleingruppen. Heutzutage wird versucht, uns diese Art Zugehörigkeitsgefühl über Waren zu suggerieren. Es ist dies die sogenannte "Lifestyle"-Werbung: Der Besitz eines bestimmten Produkts eröffnet mir den Zugang zu Kreisen, die "in" sind und von denen ich mich bislang ausgeschlossen fühlte.

In der "Lifestyle"-Werbung haben Produkte den Stellenwert von Mitgliedsabzeichen: Man erwirbt sich die Beitrittserlaubnis zu einer bestimmten Konsumgemeinschaft, welche sich über das, was sie konsumiert, definiert. Produkte ermöglichen ein magisches Entrée in eine zuvor verschlossene Welt.

Diese vier Erscheinungsformen von Idolatrie - Sakralisierung, Ikonologie, Narzißmus, Totemismus - bilden einerseits vier aufeinanderfolgende Stadien in der Transformation überlieferter religiöser Formen, bestehen aber andererseits heute nebeneinander fort. Auch in vielen alten Kirchen findet man ein buntes Gemisch unterschiedlichster frommer Modeerscheinungen und künstlerischer Stile, die, nebeneinandergestellt, oft eine Kakophonie von Bildern und Erscheinungen abgeben. In Kaufhäusern ergeht es uns nicht viel anders: dort leben Ikonen und Totems einträchtig beieinander, und alle umwerben ihre Verehrer. Sie mögen sich in der Art, wie sie ihren Zauberbann ausüben, unterscheiden, doch stützen sie sich auf ein und dieselbe Prämisse: Sie alle versuchen, Objekten, die ihren Sinn für die Menschen eingebüßt haben, einen Ersatz-Sinn einzuflößen.

Paul Tillich hat oft gesagt, daß die wahre religiöse Verfaßtheit unserer Zeit nicht etwa die Angst vor Tod oder Strafe sei, sondern die Sinnlosigkeit. Tillich hat wohl bis zu einem gewissen Grad recht. Was er jedoch nicht so deutlich erkannte, ist, daß die menschliche Seele, gleich der Natur, das Vakuum fürchtet. Im selben Maße, wie uns die Konsumkultur echte Lebensbedeutung wegnimmt, überschüttet sie uns mit unechter. Und dies geschieht mit Hilfe ihrer ergebenen Diener, der Medien.

Die Medien von ihren Fesseln befreien

In unserer Stadt der Warenhäuser befinden wir uns also in einer ähnlichen Lage wie einst der Prophet Elia, nämlich im Kampf zwischen dem lebendigen Gott und den leblosen Göttern der Künder Baals. Der Unterschied zwischen den beiden Parteien dieser altberühmten Konfrontation bestand darin, daß die falschen Götter keinen moralischen Kodex repräsentierten und nicht in der Lage waren zu liefern, was sie versprachen. Dasselbe gilt auch für die Götzen der Warenwelt. Die Idole der Warenhausstadt geben vor, etwas Reales zu repräsentieren, tun es aber nicht. Sie versprechen uns Liebe, Beliebtheit und persönliche Erfüllung, halten diese Versprechen aber nicht. Stattdessen locken sie uns in eine in hohem Maße amoralische Welt, die, obgleich auf leeren Versprechungen beruhend, uns dennoch an sich fesselt, da die Wünsche und Hoffnungen, die sie stimulieren, der Logik des Marktes folgend, nicht zu erfüllen sind. Die Idole der Warenhausstadt geben uns weder das Brot des Himmels noch das Wasser des Lebens. Im Gegenteil. Sie machen uns nur hungriger und durstiger - denn genau zu diesem Zweck sind sie ja da.

Die Wahl zwischen dem Gott des Elias und diesen Idolen ist eine Wahl zwischen Leben und Tod, Wirklichkeit und Illusion, Teilhaben und Zuschauen. Wir brauchen derzeit überhaupt nicht zu handeln: wir kaufen einfach das Produkt; das ist ein Pseudohandeln, und wir tun es mal um mal. Man beachte die "Knall-Bumm"-Handlung der Fernsehwerbespots. Wie könnten sie überhaupt jemanden erreichen, wenn nicht deshalb, weil Langeweile und Nichtstun kompensiert werden müßten. Magie ist aus unserer modernen Welt nicht verschwunden. Sie wächst und gedeiht, und sie versichert uns unablässig, wir könnten die reale Welt durch Beschwörungsformeln und Zaubersprüche beeinflussen. Die richtige Marke ist es, die dir Macht verleiht.

Dies alles klingt wie schlichte Zauberei - und in der Tat besteht eine gewisse Ähnlichkeit. Dennoch unterscheidet sich diese "moderne" Zauberei grundlegend von der "klassischen". Die Magie des Kaufhauses ist das Gegenteil der altbekannten Magie. Einst lebten *Naturgeister* und Götter in Gegenständen, die von Menschen berührt oder hergestellt wurden. Heute machen sich die *Konsumgeister* - geschickt anknüpfend an die verlorenen Welten des menschlichen Geistes - in den Dingen breit, die wir berühren und sehen. Das Ergebnis gleicht weniger einer Geistes-Gegenwart als einer dämonischen Besessenheit.

Die Frage, vor die wir heute gestellt sind, lautet: Ist die gegenwärtige Fesselung der Medien an den Warenkult endgültig? Ziehen es die Medien vor, abhängig zu sein und einer sinnleeren Beschäftigung nachzugehen, oder würden sie eigentlich lieber aufbegehren und ihre Freiheit fordern? Wie wäre es wohl um die Medien bestellt, wenn sie den Launen des herrschenden freien Marktes nicht zu Diensten sein müßten? Was könnten sie leisten, wenn sie keine produktgebundenen unstillbaren Bedürfnisse schaffen müßten?

Vaclav Havels beschloß seine Rede in Davos mit Nachdruck: Wir dürften es nicht zulassen, uns von einem anderen System erneut manipulieren zu lassen; und wir müßten mehr Vertrauen setzen in unsere eigenen unmittelbaren Erfahrungen mit den Dingen, anstatt Erfahrungen aus zweiter Hand oder vorgefertigten Auslegungen Glauben zu schenken. Können uns die Medien hierbei helfen? Ich meine ja. Doch genau wie die alten Israeliten müssen sie zuvor die Natur ihrer Gefangenschaft verstehen. Sie müssen 'nein' sagen zu ihrem Pharao und beherzt aufbrechen in die Wüste.

Anmerkungen

1 L. Feuerbach im Vorwort zur zweiten Auflage von "Das Wesen des Christentums", Berlin 1956, S. 22 f.

2 G. Debord: Society of the Spectacles. Detrait 1983

3. S. Sonntag: Against Interpretation and Other Essays. New York 1990.

4 S. Jhally, W. Leiss and St. Kline: Social Communications in Advertising. New York 1986.

Diesem Beitrag liegt die Übersetzung von Martina Jaeschke zugrunde.

5 R. Marchand: Advertising the American Dream.

Hermann Timm

Die Kanalisierung des Heiligen

Zur Ästhetik postmoderner Medienreligiosität

Die Theologie ist eine akademische Größe, wohnhaft im Elfenbeinturm der Universität. Zur Pragmatik des Mediengeschäfts wird man von ihr wenig zu erwarten haben. Protestantische Theologie folgt überdies dem Solo-verbo-Prinzip der Reformation: Allein durch das Wort! Sie zählt zu jener verbal genormten Moderne, von der man sagen hört, ihre Zeit sei abgelaufen. *Postmoderne.* Ende der Wortkultur, Ende des Buchzeitalters, Ende der rationalen Ernsthaftigkeit. Zerstreuung, Entpflichtung und Unterhaltsamkeit haben das Sagen übernommen. Der Zeitgeist wird von einer varietéhaften Diffusion des Wirklichkeitsbewußtseins bestimmt, so daß mit dem Wort allein kein Staat mehr zu machen ist. Schlechte Zeiten also für den Solo-verbo-Protestantismus.

Der Bildschirm hat eine neue Generation von Religionskritik, Kulturkritik und Gesellschaftskritik hervorgebracht. Neu insofern, als die Frage nach dem theoretischen Aussagegehalt und den praktischen Normen sich verlagert auf die Ebene des Ausdrucks und der Darstellung, der sinnlichen Präsentation und der Anmutsqualität. Wofür zuständig ist die seit Alexander Baumgarten sogenannte Ästhetik. Sage ich also etwas zur Ästhetik postmoderner Medienreligiosität. Ästhetik - Postmoderne - Medienreligion, gesehen aus dem Blickwinkel evangelisch-protestantischer Universitäts-theologie. Es soll unter dem Titel: "Die Kanalisierung des Heiligen" geschehen. Er nimmt mit dem Begriff *das Heilige* die Erbschaft von Schleiermacher und Rudolf Otto auf. Religion ist "Anschauung und Gefühl des Universums", das unendlich Große im endlich Kleinen, monadenhaft individuiert und vom Einzelnen als schlechthin abhängig empfunden. So Schleiermacher. Rudolf Otto nannte die Einheit der Gegensätze das "fascinosum et tremendum", anziehend und abstoßend, schön und schaurig zugleich, ohne die Ambivalenz der Affekte rational vereindeutigen zu können. Das Religiöse ist von mysteriöser Zweideutigkeit. So Rudolf Otto.

Beschränkt man diese Formeln auf die Vereinigung des Gegensätzlichen, die *Coincidentia oppositorum*, wird per Strukturanalogie ein Blick frei für das, was *Medienreligiosität* heute heißen kann. Ich meine die kommunikationstechnische Verschränkung des Unheimlich-Heimlichen oder Heimlich-Unheimlichen. Zu Hause findet sie statt, im gewohnten Bei-sich-Sein der eigenen vier Wände. Fernsehen - ganz nahe gebracht, vorgelassen bis in intimste Binnenräumlichkeiten. Das Universum im Schlafzimmer angeschaut. Ein wirklich faszinierendes Novum, nur mit ebenso neuen Schrecklichkeiten als Kehrseite der Medaille.

Beides resultiert aus der Entgrenzung tradierter Wahrnehmungsgewohnheiten. Die Television macht uns nahezu ubiquitär, wie früher nur die Götter der religiösen Phantasie waren. Mediengegenwart heißt Allgegenwart. Sie universalisiert das Alltägliche und veralltäglicht das Universum für den Jedermannkonsum in der Sesellage. Weltspiegel - Tagesschau - das Wetter von morgen, aus der Himmelsperspektive jenseits der Wolken, fast grenzenlos, wie nur je von Metaphysikern erträumt.

Techniker - nicht Schleiermacher und nicht Rudolf Otto - haben solche Gefühlsanschauungen möglich gemacht. Ihre Wirkung auf unser Bewußtsein kann aber im Anschluß an jene als Ambivalenz von Heimholung und Heimsuchung beschrieben werden. Die Medien behausen das Unbehausbare: Universum im Domizil - beheimaten aber auch im Heimatlosen, da die Privatheit der modernen Persönlichkeit gesprengt wird. Ihre Rückzugsräume gewähren keinen Schutz mehr vor dem Ungeheuren. Von der Straße und der Weite des Marktplatzes - den Foren der klassischen Öffentlichkeit - eilt man nach Haus in die abgedunkelte Enge der Zimmerwohnung, um sich über die große weite Welt draußenvor ins Bild setzen zu lassen. Steht sie noch? Eines ist ohne das andere nicht zu haben: die Heimholung der elektronischen Universalbildung nicht zu haben ohne die Heimsuchung durch ihre herkulischen Überforderungen unserer Subjektivität in moralischer wie intellektueller Hinsicht. Wie beides, das Gewohnte und das Ungewohnte auf integre Weise soll zusammengehen können, bleibt bis auf weiteres ein Geheimnis. Sagen wir ein "mysterium fascinosum et tremendum". Die Medien sind zur Agentur einer neuen Domizilierung des Geistes geworden. Sie können der Idee des Heiligen einen Schauplatz neuer, zeitgemäßer Re-Inszenierung anbieten, wohnhaft im Unbewohnbaren.

Elektronisch begradigt

Das technomorphe Novum sei mit dem Begriff *Kanalisierung* markiert. Kanäle sind Gräben oder Röhren für die Steuerung von Wassermassen. Sie verwandeln Natur wie Kunst aus zivilisatorischem Interesse. Zu Lande etwa wird durch Wegrationalisierung von Wildbächen und mäandrierenden Flüssen der Schiffsverkehr optimiert. Und im Äther dient die Begradigung den Informationsströmen zwischen Sender und Empfänger, unter Eliminierung aller Windungen, Schnörkel und Umwege, die Boten zu ebener Erde nicht vermeiden können. Kanalisieren heißt Mittel so herrichten, daß Absichten auf kürzestem Wege erreicht werden. Und der kürzeste Weg ist die Gerade: schnurgerade, wie mit dem Lineal auf dem Reißbrett des Konstrukteurs gezogen: direkt, eindimensional, geradezu. Der Begriff kann deshalb als Kürzel für die seit Edmund Husserl sogenannte *Geometrisierung* der modernen Lebenswelt durch den wissenschaftlich-technischen Rationalismus stehen. Überdies gewährt der Begriff einen Durchblick zur *Kurzweil* medialer Postmodernisierung. Sprich: zum Nivellierungseffekt der elektronisch begradigten Unterhaltungsindustrie. Business - Showbusiness. Es amüsiert uns zu Tode, weil seine Inhalte - egal welche - durch die Präsentationsform als solche sterbenslangweilig werden, wie eine Schiffsreise auf dem Mittellandkanal oder ein ICE-Schuß durch die Tunnelröhre von Frankfurt nach Hamburg, früher in gemächlicher Langsilbigkeit eine *Eisenbahnfahrt* genannt.

Nach der Verortung des Themas soll es nun in drei Teilen durchgeführt werden. Zunächst eine Nachzeichnung der geläufigen Medienkritik aus religiösen Motiven, dann zur Kritik der Kritik, um die Skepsis einzuschränken und am Ende der Versuch einer metakritischen Bejahung, um auch etwas Gutes zu sagen, wie es der evangelische Indikativ verlangt.

Medienkritik

Zunächst die geläufige Ablehnung, im Imperativstil, negativ gefüllt. Du sollst nicht ... Sie setzt ein beim Show-Charakter und erklärt ihn ästhesiologisch aus der Oberflächlichkeit des Gesichtssinns, der Okularität. Es wird sinnenkundlich argumentiert. Das ist die Spur, der ich folgen werde, um so Zugang zu immanenter Medienkritik auf dem Wege ihrer ästhetisch-ästhesiologischen Selbstreflexion zu gewinnen, unterschieden von einer politischen Außenspiegelung, die ja mitnichten einen Monopolanspruch auf die Kritik besitzt.

Vom "Augentier" ist die Rede, als ob das Auge die zu überwindende Bestialität an uns sei, das, was es abzutöten gilt (M. Greiffenhagen). Oder von der "Okulartyrannis" (U. Sonnemann), einer Gewaltherrschaft des Sehens, von der wir uns gewaltsam zu emanzipieren haben, um die Freiheit zu erlangen.

Starke Worte! Ihre Plausibilität empfangen sie aus dem Umstand, daß der Augenmensch seit alters besonders illusionsanfällig ist. Er gilt der Tradition als a priori verdächtig. Nicht nur, weil man ihn mit Kosmetika, Maskeraden und anderen Blendungen leicht täuschen kann. Seine Wahrnehmung bleibt selbst bei bester Absicht an den Schein des Tages gebunden, und der ist notorisch eitel, ist vergänglich. Nichts hinfälliger als Glanz und Gloria des Sonnenlichts, das noch heute vergeht. Schein - nicht Sein. Ephemer - nicht ewig. Platos Sonne geht erst dem inneren Menschen auf, bei Nacht, wenn er die auswärts gerichteten Seelenfenster, die Augenlider schließt, um per Introspektion die Ideen zu gewahren.

Nicht anders in Israel. Das Judentum versteht sich bis heute aus dem Hören auf die Stimme des Herrn vom Sinai, auf eine Akustik des Glaubens, nicht auf die Optik, die verführerische. Statt des Augentieres der Ohrengott. "Es ist dir gesagt, o Mensch, was das Gute ist, und was der Herr von dir verlangt ..." (Micha 6,8). Und schließlich: wer ein Christenmensch werden will, hat das Pflichtzitat aus Paulus zweitem Korintherbrief zu internalisieren: "Wir wandeln im Glauben, nicht im Schauen". Die Sichtwelt ist eine Scheinwelt, vom Spruch qua Widerspruch durchkreuzt. *Theologia crucis*, nannte Luther das, im Gegensatz zur erbsündigen *Theologia gloriae*.

Anders, ganz anders als Platonismus, Judentum und Christentum die Bildschirmwelt im Glimmer der Medien, mehr oder minder tyrannisch durch ihre atomisierte Allpräsenz. Fernsehen heißt sehen, sichtbar machen, visualisieren, also eine Augenweide andienen, die den Tag unfehlbar nicht überleben wird - auch nicht den verlängerten Fernsehabend. Beim Wetter von morgen fangen die Zweifel heute noch an. Und fernsehen heißt entfernen, die Dinge planmäßig auf Distanz bringen, sie sich per Kanalisierung vom Leib halten, daß keine Betroffenheit von ihnen ausgehen kann und kein Wahrheitsanspruch, der den Reiz überdauert. Beim natürlichen Blickverhalten ist jedes Sehen dem

Risiko des Wiedergesehenwerdens ausgesetzt, während der Fernseher die Zuschauerhaltung in Reinkultur praktiziert, noch über das Theater hinaus. Er ist der Voyeur schlechthin, der sich Unliebsames mit minimalem Aufwand vom Hals schafft. Aus den Augen - aus dem Sinn. Knopfdruck genügt. Schalte aus, schalte um, schalte und walte wie du willst.

Diese Distanzierungstechnik hat zusammen mit der okularästhetischen Flächigkeit den Verdacht genährt, der *Homo faber* wolle sich erneut des Unverfügbaren bemächtigen. Medium als Bemächtigungstechnologie. Insofern käme eine Kanalisierung des Heiligen seiner Perversion gleich. Und derartiges zu entlarven zählt zu den Spezialitäten protestantischer Theologie, immer auf der Suche nach der Hybris des *alten Adam*, seiner sündigen Selbstherrlichkeit.

Ein Umstand jüngeren Datums kommt verstärkend hinzu. Er dürfte erklären, warum die Mediendiskussion gegenwärtig neuen Auftrieb erhält. Zumindest bei uns, die wir diesbezüglich der Entwicklung in Nordamerika offenbar hinterherlaufen. Ich meine die sprungartige Vermehrung der Kanäle. Ans zweisame ARD und ZDF hatten wir uns leidlich gewöhnt. Sie paßten irgendwie zum Dualschema der Nachkriegszeit, zur Zwei-Lager-Theorie innen wie außen. Damit ist es vorbei. Ende der herrlich einfachen Alternative: So oder so! *Tertium non datur*! Inzwischen gibt es sie, die dritten Programme. Mehr noch, vierte und fünfte, Dutzende sogar, per Satellitenvernetzung. Tendenz steigend.

Hinter der Fernsteuerung sitzend, kann man mit fast beliebig vielen Kanalisierungen hantieren. Fernsehen heißt mehr und mehr sehen, astronomisch bis chaotisch in den Mengen. Heute schon ist es viel zu viel für das eine, das not tut, um sich im Panoptikum der Anschauungen orientiert zu fühlen: die Übersichtlichkeit. Stichwort: Pluralismus, Beliebigkeitspluralismus - ein weiteres Kennzeichen von Postmodernität. Jürgen Habermas spricht von "neuer Unübersichtlichkeit", gut passend für die schillernde Medienästhetik jenseits von Entweder - Oder. Die Medien haben den Ernst der Kierkegaardmoderne hinter sich gelassen. Das dezidierte Sein oder Nichtsein ist für sie keine Frage mehr.

Kritik der Kritik

Soweit der erste Teil, die Nachzeichnung der etablierten Kritik aus religiösen Hintergrundsmotiven. Ich werde am Ende darauf zurückkommen, um der Opposition gegen die Anschauung eine andere, eine positive Wendung zu geben. Zunächst die Gegenkritik, um den pauschalen Widerspruch zu begrenzen. Er ist nur partiell zulässig, muß eingeschränkt werden. Skepsis der Skepsis also.

Nach dem Ansatzpunkt muß man nicht lange suchen. Er steht im Motto der Ringvorlesung gleich vornean: *Medienkult* - ein schwer vorbelasteter Begriff, der nahezu alles präjudiziert. Medien als Kultobjekt? Natürlich nicht, darf nicht sein, denn Kult heißt so viel wie Bilderkult, Götzendienst, Magie, Idol, Fetischismus, Opium und so weiter - finsterstes Heidentum.

Wer Medienkult sagt, lanciert, ob bewußt oder unbewußt, den ikonoklastischen Imperativ. Nach Bilderstürmern wird gerufen. Man beschwört die Propheten in ihrem Kampf gegen die kanaanäischen Baalspriester und Plato in seinem Exorzismus gegen die Mythologen, die Lügendichter Homer und Hesiod. Sie haben im Vernunftstaat der Wissenden - der Besserwissenden - nichts zu suchen.

Die Fernsehkritiker von Günther Anders bis Neil Postman arbeiten mit dem orthodoxen Geschichtsbild des Abendlandes philosophischer wie theologischer Provenienz. Sie setzen auf die Versprachlichung des Heiligen im Fortschritt vom Mythos zum Logos, vom Bild zum Wort, von der Ästhetik zur Ethik, von der Anschauung zum Begriff, von der Archäologie des ewig Gleichen zur Eschatologie des immer Neuen, von immanenter Naturkonstanz zur Transzendenz des Geistigen, Sittlichen, Künftigen. Ihr Gott ist im Kommenden begriffen, weil sie die Wirklichkeit als einen selbstreflexiv beschleunigten Verflüssigungsprozeß denken, zum letztgültigen Solo-verbo-Rationalismus vorausstürmend. Deshalb ihre Aversion gegen das Fernsehen qua Sehen von instanter Bildlichkeit.

Die Mattscheibe muß als stagnierend bis regressiv empfunden werden, weil Augenmenschen auf Stillstand angelegt sind, aufs Verweilen in der Anschauung. Halt ein! Sei still! Sieh da! Der Blickfang! Das Bildnis ist bezaubernd schön, gleich den anhimmelnden Götzen der Kulreligionen. Zum Beispiel das goldene Kalb. Sein Name genügt, prinzipiellen Widerspruch einzulegen, und das mit höchster Autorität: Du sollst dir kein Bild, kein Kultbild, kein Fernsehbild, kein Altarbild in den eigenen vier Wänden machen. Sollst dich vielmehr des Gegensatzes zwischen augensinnlicher Statik und ohrensinnlicher Dynamik erinnern, um die dem Medienkult folgende Medienkultur in den Verdacht drohender Medienbarbarei zu bringen. "Okulartyrannis", wie gesagt, und "Augentier" vor der "Glotze". Du weißt also, was zu tun ist, soll nicht alles aufs Spiel gesetzt werden, was uns Progression seit Mose und Plato heilig ist.

So der Ikonoklasmus-Appell im Generaltitel "Medienkult - Medienkultur". Ich habe ihn namhaft gemacht, um das Vorurteil zu erkennen und die Kritik gegenkritisch einschränken zu können. Fernsehen zeigt nämlich keine instanten Anschauungen, keine Einzelbilder wie die Sakralstatuen es waren, vielmehr filmisch arrangierte Sequenzen, die zum kontinuierlichen Blickwandel nötigen. Es beruht auf der kinematographischen Technik, durch die die Bilder das Laufen gelernt haben und mit dem Laufen auch die Diskursivität. Das ikonische Zugleich ist gewichen dem Bewegungsfluß einer nur narrativ faßbaren Bildgeschichte, so daß die Differenz zwischen starrsinnigem Schaubild und diachroner Sprachlichkeit direkt nicht mehr anwendbar ist, der veränderten Präsentationstechnik wegen.

Die Zeiten haben sich geändert. Dies verkennt, wer weiterhin mit der Wüstengottheit des Exodus operiert: Auszug aus der Fernsehbarbarei. Überdies verleitet der Rekurs auf das Bilderverbot zu einer Verdinglichung des Fernsehens qua Fernsehapparat: eine negative Fetischisierung des Mediums. Recht verstanden kann es ja nur um das Denken *in* Bildern gehen, nicht um Sein oder Nichtsein *von* Bildern.

Ein weiterer Gegenkritikpunkt sei hinzugefügt, der wieder nah an das Protestantismusthema heranführt. Die öffentliche Mediendiskussion erinnert an das Lehrstück von den *media salutis*, den Formen oder Sinngestalten, in, mit und unter denen Heil zugeeignet wird. Das Wort etwa ist ein *medium salutis*, die Schrift ein zweites und das Sakrament ein drittes. Unsere Dogmatiker registrieren auch - zumindest in polemischen Anmerkungen -, daß anderwärts das Bild dazugehört: in der griechisch-russischen Ostkirche nämlich. Dort gilt die Ikonisierung des Heils als Inbegriff von Orthodoxie. Rechte Doxa des Glaubens, weil der Logos, Christus, das mosaische Bilderverbot aufgehoben hat. "Wir sahen seine Herrlichkeit". Seit dem Nicänum II vom Jahr 787 ist in Ost und West über das Wie der pikturalen Medialisierung räsoniert worden, nicht mehr über das Ob oder Ob-nicht. Die Bilderstürmerei befindet sich also theologisch schon lange nicht mehr auf der Höhe der Zeit.

Wenn gleichwohl diese Wahrheit einen gewissen Neuigkeitswert besitzt, dürfte das eine Folge der Kerygmatheologie vergangener Jahre sein. Die nämlich hat das vielschichtige Vermittlungsthema auf die Monomedialität des Wortes eingeengt: *Wort Gottes*. Und zwar letztbegründet im Akt der Selbstverwortung des Absoluten. Nicht nur *Deus dixit*: Gott hat gesagt, in dritter Person. Sondern *Deus dixi*: Ich, Gott, habe es gesagt: Gott. Und habe in dieses Sagen meine Gottheit hineingelegt. Glaub es mir! Anders hast du keine Möglichkeit, den Seinssinn dessen zu verstehen, was die Vokabel Gott eigentlich meint. Ich gebe mich selbst dir selbst im Wort, so daß meine Glaubwürdigkeit in deinem Gehör und Gehorsam auf dem Spiel steht. Theos und Logos autologisch verbunden.

Dieser Wort-Gottes-Glaube hat viel bewegt im Protestantismus. Große Dinge sind davon ausgegangen. Seine Fixierung auf das einsilbige Ich, Gott, Selbst und Wort konnte freilich auch den Eindruck einer metamedialen Unmittelbarkeit erzeugen, als ob das absolute "Ich bin der ich bin" von der Medienfrage gar nicht tangiert sei. Ein Irrtum! Diesen Eindruck hat namentlich der kirchendogmatische Modernismus Karl Barths und seiner Schule erzeugt. Und der neigt sich jetzt dem Ende zu.

Auch in der Theologie ist Postmodernisierung angesagt, unter anderem befördert durch mediale Reflexion. Man könnte es auch einen neuen Schub von Selbstkritik nennen, und daß Selbstkritikfähigkeit die Voraussetzung aller Fremdkritik ist, dürfte zu den bleibenden Einsichten der Aufklärung zählen.

Metakritische Bejahung

Soweit zur Gegenkritik der geläufigen Medienkritik und nun der Versuch einer metakritischen Affirmation, um nach Positivem Ausschau zu halten. "Der Geist weht wo er will", warum soll er es nicht auch im Medienzeitalter tun. Die Technik als solche muß ihm ja keine Angst machen. Es käme darauf an, sie kreativ in Gebrauch zu nehmen, also "neuschöpferisch" zu nutzen, wie der Fachterminus lautet.

Das Neue kann nicht in einer geradlinigen Verlängerung des Alten liegen. Kirche im Fernsehen, Kirche als Fernsehen, Fernsehen als Kirche, ersatzweise für den Gottesdienst, davon halte ich nichts. Das Ablichten von Kulthandlungen, Gebeten, Predigten, Sakramenten, Kasualien auf dem Bildschirm kommt meinem Empfinden nach einer Blasphemie nahe, weil der Eindruck greifbarer Materialität erzeugt wird, als ob man *live* dabei sei, als Augen- und Ohrenzeuge leibhaft zugegen.

Es ist mehr als der religiöse Geschmack, der dagegen mit Degout reagieren sollte, der gröblich verletzten Arkandisziplin wegen. Erzeugt doch die quasi mechanische Reproduktion des Originärvollzugs jene Realitätsillusion, die das Fernsehen zum viel beklagten Wirklichkeitsersatz werden läßt, ohne seine hochgradig artifizielle Künstlichkeit eigens zu reflektieren. Dieser medialen Naivität sollte man den kirchlichen Segen urbi et orbi verweigern.

Wenn es nach mir ginge, würde auch das Sprachsortiment der Kerygmatik: Botschaft, Sünde, Gnade, Offenbarung, Vergebung, Rechtfertigung, Erlösung und so weiter Medienverbot erhalten. Es sollte am genuinen Sitz im Leben verbleiben: in der Kirche nämlich oder ähnlich geschützten Arkanräumen authentischer Kommunikation von Angesicht zu Angesicht, realpräsent, wie die Theologen sagen würden.

Mediensakralität im Sinne verdinglichter Heiligkeitspräsentation - nein! Also keine "Direktübertragung"! Medienreligiosität - ja! Im Sinne des Geistes nämlich, der sich je besondere Anspruchsmodelle für seine Idee des Heiligen zurechtlegt. Jedes Medium hat dafür eigene Möglichkeiten und eigene Grenzen, vorgezeichnet durch seine Ästhetik. Nehmen wir also das Stichwort Medienästhetik wieder auf, das uns anfangs die Gegenwartsreligion im Wechselspiel von Heimat und Fremde, Behausung und Unbehausbarkeit verorten ließ. Ihr Sitz im Leben soll nun inhaltlich gefüllt werden mit einer Postmodernisierung des Wortprinzips *extra muros ecclesiae*: außerhalb der Denkmauern moderner, neuorthodoxer Kirchendogmatik.

Der Weg dorthin führt über eine Trivialität, den Umstand nämlich, daß das Fernsehen nicht monomedial ist. Wir haben es bei ihm nicht mit rein auditiver Kommunikation zu tun, vergleichbar dem Solo verbo des Rundfunks. Und nicht mit rein visueller Kommunikation, auf die Okularsphäre beschränkt, wie beim *Sola pictura* der Stummfilme. Fernsehen heißt es nur mit halbem Recht, die andere Hälfte ist das kopräsente Fern*hören*. Medienästhetik heißt immer auch Medialisierung der Ästhetik, und im vorliegenden Fall sind es deren zwei: die

Medialisierung der Gesichts- und der Gehörästhetik, die eine dem Augen-, die andere dem Ohrenmenschen zugedacht.

Wir haben es also bei der fraglichen Medienkultur mit einer Mischkultur von Vision und Audition zu tun, mit der Ästhetik als audiovisueller Synästhetik von Augenschein und Hörensagen. Das ist die Mitte des Mediums: das Mysterium seiner *Coincidentia oppositorum*, die Kontrastharmonie von Gesichts- und Gehörsinnlichkeit in technisch reproduzierbarer Form. Welche Worte zu welchen Bildern? Welche Bilder zu welchen Worten? Wie sagt man, was sich zeigt? Und wie zeigt sich was man sagt?

Nur so ist eine Binnenkritik des Mediums möglich, weit außerhalb der Reichweite des zweiten Gebots. Und nur das Reflexwerden macht es auch nutzbar für den Geist der Religion: den religiösen Sprachgeist nach Maßgabe des Evangeliums, jenseits der Illusion eines elektronisch mechanisierbaren Kirchengeistes.

Intermedial gedoppelte Sprachbildung sei das Leitwort für die Folge. Dazu bedarf es einer Revision des tradierten Wortverständnisses in der Theologie, einer neuerlichen Rücksicht auf den Ursprung. Revision ist ja auch eine Vision. Wir müssen den Schein der metamedialen Unmittelbarkeit: *Deus dixi* inkarnieren in der Dramatik des zweisamen Gegeneinanders und Miteinanders von Sehen und Sagen. Wie am Anfang mit Schleiermacher und Rudolf Otto will ich auch am Ende auf Altbekanntes rekurrieren, damit die postmoderne Kanalisierung des Heiligen nicht als traditionslose Novität erscheint.

Sehen und Sagen

Erinnern wir uns der urchristlichen Kontrastierung von Sehen und Sagen, Schauen und Glauben, Offenbaren und Verbergen - ein geläufiger Schematismus in der Theologie, besonders der protestantischen. Etwa das Paradox *nox-lux*: das Licht der Welt in tiefster Finsternis offenbart, "wohl in der halben Nacht", wenn es am dunkelsten ist. Davon lebt die Weihnachtsfrömmigkeit. Oder das österliche *crux-gloria*: göttliche Herrlichkeit auf dem Kronenplatz der Dornen. Wer die Worte hört, bekommt ein Imaginarium zu sehen. Visuell-Visionäres wird kommuniziert, freilich so, daß die Bildlichkeit als solche das Gesagte gerade nicht hergibt. Im Gegenteil. Eine Inversion der Zeichenwerte findet statt, innermedial und intermedial. Die Einbildungskraft wird umkodiert im Logos. Durch das Wort wird die Finsternis Licht. Stirb und Werde. Ein wechselwirksames Umschauen und Umhören findet statt.

Die beiden Kommunikationsmedien kreuzen ihre Botschaften in einem selbst inkommunikablen Schnittpunkt, für den es keine Fixierungsmöglichkeit gibt. Weder die ideale Kamera noch das ideale Mikrophon würden ihn gegenständlich präsentieren können. Es geht nicht um die Unsagbarkeit der Mystik. Du hörst etwas - nämlich was es Gegenteiliges zu sehen gibt. Es geht auch nicht um die Unsichtbarkeit rein logischer Geltungen nach Art der Mathematik. Du siehst etwas, nämlich das, "was noch kein Auge gesehen hat", wie geschrieben steht (2. Korinther 2,9). Allein durch das Wort, schau hin. Das Unsichtbare wird zur Sprache gebracht und das Unhörbare zur Anschauung, unter Überkreuzung von Gesicht und Gehör. Was noch kein Auge gehört und kein Ohr gesehen hat.

Das ist die Eigenart, wie der Geist Sinn macht, urchristlichen Religionssinn. Er manifestiert sich vermittels synästhetischer Technik. Technik sei mit Bedacht gesagt, um einen Widerhall für die Kanalisierung anzubieten. Durch Kontrastieren von Sichtweise und Hörweise wird die Idee des Heiligen so inszeniert, daß ein eigenes Anspruchsmodell für die Wahrnehmung entsteht. Wohl unterschieden vom bloßen Abklatsch der sogenannten Sinnenwelt, als ob nur verdoppelt würde, was ohnedies der Fall ist: Schalter an, die Kamera läuft. Aber auch unterschieden von der Anästhetisierung idealistischer Geistigkeit, die auf abstrakte Logizität abhebt, wie im Ideenhimmel Platos oder im tautologischen Ich-Ich vom Sinai herab. Die Gipfel der Gottesberge sind notorisch in Wolken gehüllt.

Der Heilige Geist bewohnt ein drittes Reich zwischen Sein und Schein, Faktizität und Normativität, Wirklichkeit und Illusion. Er macht bewußt, was ist, nämlich vor Ort seiner Fokussierung der Kreatürlichkeit. *Spiritus creator* im hellen Tageslicht der Reflexion, fiktional gebildet. Denn Bewußtmachung will im unverbesserlichen Doppelsinn des Wortes gehört werden: *bewußt* gemacht als intensivierte Realisierung der Sachlage - und bewußt *gemacht* als eine künstlerische Fiktionsleistung. Hellhörig wirst du, als ob dir erst die Ohren wüchsen für die Musik der Welt. Nie gehört! Und hellsichtig wie ein Blindgeborener, dem die Augen aufgetan werden. Nie gesehen! So steht es da, schwarz auf weiß, daß im Nachhinein unbegreiflich wird, warum es nicht immer schon als Wahrheit hingenommen wurde. Das ergibt den Indikativ evangelischer Wahrnehmung. Er stürzt die Vernunft in den Jungbrunnen, daß sie schockartig aus ihren domestizierten Selbstverständlichkeiten aufschreckt, um gastweise ins Ungewohnte zu transzendieren. Domizilierung des Geistes im Wechsel von Heimholung und Heimsuchung durch den Medienkosmos im Zimmerwinkel hatten wir es genannt.

Ich resümiere: Was die Theologie *Wort* nennt, kann nicht verbalistisch reduziert werden, monomedial eingeengt auf auditive Rationalität. Ihm kommt eine eigene Bildlichkeit zu, die von polar gespannter Fiktionalität und Dramaturgie geprägt wird. Damit wäre angebahnt, wie ich mir die Weiterbildung evangelischer Religionskultur in der Medienkultur vorstelle. Sie müßte die intermediale Polarisierbarkeit von Sehen und Sagen als Spielraum für die Inszenierung ureigener Merkwürdigkeiten, Denkwürdigkeiten und Glaubwürdigkeiten herrichten, ohne der Realitätsillusion des Abklatsches Vorschub zu leisten.

Als Leitbild könnte Kierkegaard dienen, der Dichtertheologe nämlich mit seiner Theorie indirekter Mitteilung, auf halbem Wege zwischen Poetik und Kerygmatik zu Hause. Oder Jesus, der Nazarener, mit seinen Gleichnissen vom Himmelreich auf Erden, frei erfunden, mitten aus dem Leben geschöpft und einem nach Dichters Art so nahe gebracht, daß es schwerfällt, sich ihre offensichtliche Fiktionalität vom Leibe zu halten. Realität oder Illusion, oder auch Realitätsillusion wie bei der Fernsehkirche, das ist hier nicht die Frage. Tertium datur!

Am Rande der Autobahn

Ich will etwas formal Ähnliches fingieren, um beispielhaft deutlich zu machen, wo die Möglichkeiten der audiovisuellen Medienästhetik für eine zeitgemäße Religionsgestaltung liegen. Es ist vom Straßenrand aufgelesen, stammt also aus profaner Öffentlichkeit, und nimmt die Kunst derjenigen auf, die heute das Differenzspiel zwischen Bild- und Wortzeichen am virtuosesten handhaben. Das sind die Werbefachleute, die PR-Experten. Stellen Sie sich folgenden Hergang vor:

Sie fahren wie gewohnt auf der überfüllten Autobahn, vierspurig. Wie gewohnt mit Lichthupe und Stoßstangenberührung und wie gewohnt ohne Durchkommen, weil alle das Gleiche tun. Da sehen sie beim Ausbruchsversuch nach rechts eine Plakatwand seitwärts im Acker vorbeihuschen. Zu kurz, um ihre Aufschrift entschlüsseln zu können. Wozu auch. Es wird eine der üblichen blau-weißen Verbotstafeln gewesen sein. Überholen auf der Standspur verboten, oder ähnlich. Aber nein, wenig später taucht die Erscheinung ein zweites Mal auf, und nun reicht es, da die Rechtsfahrer etwas größeren Abstand wahren, eine ungewohnte Farbigkeit zu registrieren und auch die Existenz einer Aufschrift. Eine Information also in Bild und Wort. Das weckt Neugier und läßt Sie das Tempo reduzieren, um sich einzuordnen und für den Wiederholungsfall - wenn er denn kommen sollte - ein größeres Sichtfeld zu haben. Welche Hoffnung nicht enttäuscht wird. Aller guten Dinge sind drei. Sie sehen es von ferne nahen, das Bild. Es zeigt eine Dublette ihres eigenen Gesichtsfeldes, inszeniert also Reflexion: das Lenkrad eines PKWs mit Frontscheibe und Motorhaube vor Augen. Davor ein dreifach unterteiltes Farbfeld in perspektivisch strukturierter Verengung, erst rot, dann gelb, dann grün. Und ganz oben, stark verkleinert, die Rückansicht eines zweiten PKWs in beträchtlicher Entfernung. Jetzt, da Sie nahe genug sind, das Bild in Gänze zu erfassen, wird auch der Text lesbar, der wie ein Sockel unter der Fernsicht zu lesen steht. Auch er ein Bild, aber ein Schriftbild, dessen Signifikanz sogleich überspringt vom optischen ins akustische Medium, um sich ihnen als frohe Botschaft ins Ohr zu legen: "Sie", großgeschrieben, "Sie fahren mit Abstand am besten".

Eine extreme *Coincidentia oppositorum* ist das, ein ins Absolute übersteigerter Kontrast zwischen Sein und Sollen, zwischen indikativisch beschreibbarer Realität und normativer Vorhaltung im Imperativ, was auf Sie bei Lage der Dinge verblüffend wirken muß. Langsam! Langsam! Wie soll ich das verstehen. Es ist ein pseudoindikativischer Imperativ oder pseudoimperativer Indikativ, der so tut, als ob vorhanden wäre, was nicht der Fall ist, entschieden nicht. Ganz im Gegenteil. Witzig, sehr witzig, diese kontrafaktische Positivierung, ohne moralischen Zeigefinger. Und ehrlich gesagt, doch etwas ärgerlich, weil man den Trick durchschaut und auch gar kein Hehl daraus gemacht wird, daß es sich um ein Sprachspiel handelt, in poetischer Freiheit daherkommend! Wer mag sich schon gern ironisieren lassen: "Sie fahren mit Abstand am besten".

Typisch postmodern. Es handelt sich um eine semiotische Sabotage der Ernsthaftigkeit des Lebens, unter Vermischung gewohnter Kategorien, Domänen und Modalitäten, im Jenseits von Entweder - Oder, Sein oder Sollen, deskriptiv oder präskriptiv. Warum ist man nicht bei der Gesetzesform geblieben, wie auf dem Sinai, verbunden mit Androhung der verbuchten Sanktionen: Du sollst nicht zu nahe auffahren. Wer es tut, erfüllt den Straftatbestand der Nötigung nach Paragraph 1 der Straßenverkehrsordnung und muß mit entsprechendem Bußgeld rechnen. Das konnte ich erwarten und hatte ein Recht darauf. Statt dessen die Belobigung einer konkurrenzlosen Überlegenheit in persönlicher Ansprache: Mit Abstand der Beste! Wer sollte sich da nicht geschmeichelt fühlen.

Eitel sind wir alle, etwas, nicht nur auf der Straße. Verweile doch, es ist so schön, sich in solchem Glanz zu sonnen. Summa cum laude. Zumal einen die Beseligung ohn all Verdienst und Würdigkeit ganz von außen kommt, nur durch das Wort zugesagt, ohne Rücksicht auf den Augenschein, ja diametral gegen ihn gewandt. Und doch, schlechthin souverän steht es da: Halt ein, so fährst du am besten. Mach eine Pause, dich darauf zu besinnen. Sie gibt viel zu denken, diese gegensinnige Sinnbildung. Ist unsagbar zusagend, daß man ihr Angebot gar nicht ablehnen kann. Aber auch unsagbar zu sagen, wie man den Sprung vom Gesetz zum Evangelium, vom drohenden Imperativ zur indikativischen Erfüllung desselben soll bewerkstelligen können.

Da muß schon die Anschauung dem fehlenden Begriff zur Hilfe kommen, und zwar nicht nur in der Zwiegestalt von Bild- und Textfixierung, wie auf dem Plakat der Werbetexter. Vielmehr die filmisch dramatisierte Vorausschau in Form einer Bildgeschichte, die muß her, um das Prozedere der Wahrnehmung zu erfassen, das allererst die kontrafaktische Offenbarung der Fiktionalität möglich macht. In der Wüste stehend, am Sinai etwa, würde der Witz nicht verfangen. Er muß aus dem Gegensatz heraus bewußt gemacht werden, wie beim Lehrer, wenn er nach der Pause ins ohrenbetäubende Tohuwabohu des Klassenzimmers hineintritt und sagt: Es ist Ruhe! Ein Feststellungsurteil im kontrafaktischen Als-ob-Stil. Etwas phonetischer Terror muß schon dabei sein, aber immerhin: "So er gebietet, so steht's da!" Solo verbo, allein durch das Wort, das neuschöpferische. So geht's mit Abstand am besten.

Medien-Aufklärung

Bis hierher das Beispiel und damit bin ich am Ende. Es sollte ein Exempel aus unserer eigenen Lebenswelt sein, indirekt mitgeteilt auf dem Wege einer postmodern verwilderten Zitatenkollage und den

Gleichnissen vom Himmelreich auf Erden angeglichen. Hinsichtlich der Frage nämlich, wie Möglichkeiten der audiovisuellen Medien so genutzt werden können, daß religiöser Geist Chancen hat, auch da an der ästhetischen, der medienästhetischen Erziehung des Menschengeschlechts mitzuwirken. Und zwar in Fortschreibung protestantischer Sprachkultur über den Kreditrahmen der altmodernen Kirchendogmatik hinaus. Durch Ludwig Wittgenstein ist der Begriff Spiel zu einem explikativen Synonym für Sprachlichkeit geworden: Sprachspiel. Die Sprache spielt. Sie spielt sich ein und spielt sich aus in den vielen Dimensionen ihrer Lebensweltlichkeit. Spiel ist nicht Spielerei. Wer nicht ernsthaft mit ihm spielt, dem Wort, ist ein Spielverderber, auch wenn sich der Ernst nicht überall gleich ausnimmt. Auf der Kanzel wird er anders inszeniert als am Katheder, dem Schauplatz akademischer Medialisierung. Wortkultur wie gesagt, nicht Wortkult - und zwar im Bilde gesagt.

Die Wiederkehr von Kult und Kultur in Bezug auf das Wortprinzip erlaubt es mir, rückblickend noch einmal die Intention des Ganzen zu benennen. Ich habe - die gesellschaftspolitischen Implikationen draußenvor lassend - plädieren wollen für eine ästhetisch-ästhesiologische Binnenkritik der audiovisuellen Medien. Ihr Verschnitt von Bildern und Worten, Worten und Bildern gibt den Ansatz vor. Ein Fernsehen über das Fernsehen, das mit Kamera und Mikrophon im Rücken des Mediumkonsumenten dessen Gewohnheiten, Erwartungen, Ansichten, Vor- und Nachurteile einfängt, um sie ihm selbstreflexiv vor Augen und Ohren zu stellen, wie etwa ein mitfahrendes Aufnahmeteam im PKW des imaginierten Autobahnrasers, haben wir noch nicht. Das Spiegelstadium steht den neuen Medien erst noch bevor. Mit ihm beginnt, was seit zwei Jahrhunderten *Emanzipation* heißt: der Auszug aus selbstverschuldeter Unmündigkeit, alias *Aufklärung*. Sie hat sich als bislang bestes Mittel zum Schutz vor der Selbstfetischisierung durch Realitätsillusionen erwiesen, und kann in dieser Funktion weiterempfohlen werden.

Warum sollte nicht eine ihren Fiktionscharakter mitpräsentierende Medienreligiosität dafür eine gewisse Pionierfunktion übernehmen, Richtung: allgemeine Medienaufklärung. Sie müßte nur der sträflich naiven, magisch-technisch ablichtenden Mediensakralität Konkurrenz machen, ästhetisch erfolgreiche Konkurrenz nach den Regeln der Zunft. Das Wissen um die Künstlichkeit des Spiels im Spiel ist kein Hindernis dafür. Im Gegenteil: mit Abstand am besten, um den Geist medial weiter zu bilden. Die Zuschauer haben vor der Artifizialität in der Regel weniger Angst als die Veranstalter der heiligen Dinge. Jedenfalls sollte man den primären Aufklärungsbedarf nicht auf der falschen Seite suchen.

Johanna Haberer

Die verborgene Botschaft

Fernseh-Mythen - Fernseh-Religion

Es mutet zunächst befremdlich an, Phänomene wie Fernsehen und Religion zu vergleichen: Die großen Begriffe sakraler Erlebniswelt - Religion und Mythos - scheinen nicht zusammenzupassen mit dem Alltags- und Allerweltsmedium Fernsehen. Zugegeben, daß Religion und Fernsehen, Religionsmythen und Fernsehgeschichten etwas miteinander zu tun haben, ist bisher nur eine Ahnung, der ich nachspüren möchte. Diese Ahnung formte sich als Frage in einem seit einigen Jahren gepflegten Dialog zwischen evangelischen Theologen einerseits und Publizisten der säkularen Medien andererseits. Noch vor zehn Jahren wäre ein theologischer Diskurs über die Konkurrenz von Religion, bei uns Christentum, und Fernsehen höchst anstößig gewesen. Denn die theologische Denktradition distanzierte sich von allen Versuchen, das Christentum unter funktionalen oder phänomenologischen Aspekten zu betrachten. In den vergangenen Jahren aber hat auch die Theologie die Revitalisierung des Religionsbegriffs und damit auch des Mythos betrieben. Das ermöglicht heute ein neues theologisches Nachdenken über die Funktion von Religion, deren Phänomenologie und deren Nutzungsaspekte. Der Vergleich der Phänomene, der Funktion und Nutzung von Fernsehen und Religion aber führt zu einer zunächst frappierenden Kongruenz beziehungsweise zu einer Konkurrenz zwischen der synthetischen Sakralität des Bildmediums Fernsehen und der gewachsenen, gelebten Erfahrung der Religion und ihrer Mythen, in unserem Kulturkreis der des Christentums.

Was ist Religion?

Will ich Religion religionswissenschaftlich definieren, also nicht christlich-theologisch, muß ich mich freihalten von dogmatischen oder religionsphilosophisch begründeten Vorentscheidungen. Das heißt also, ich muß nach den Strukturen von Religion fragen, muß mich der Religionsgeschichte bedienen: Als "Religion" beschrieben werden all jene in der Gestenwelt des Menschen bezeugten Erfahrungen von Wirklichkeit, die als "heilig" beschrieben werden. Religion ist also eine erlebnishafte Begegnung mit der heiligen Wirklichkeit einerseits und das antwortende Handeln des vom Heiligen bestimmten Menschen andererseits. Dies ist nur eine formale Strukturbezeichnung für Beziehungen zum Heiligen, die in der jeweiligen geschichtlichen Wirklichkeit mit sehr verschiedenen Inhalten gefüllt sein kann.

Das Objekt aber, das eine Objekt, mit dem alle Religion es zu tun hat, ist die heilige Wirklichkeit, die von den Menschen als Macht erlebt wird. Diese Macht kann sich in Dingen oder auch Personen manifestieren. Sie erscheint dem Menschen in verschiedenen Medien, die die Begegnung mit der heiligen Wirklichkeit vermitteln können: in Naturgegenständen wie Berge, Bäume, Wasser, Felsen, oder auch, wie in den Hochreligionen, in Kultus, Wort und Schrift, oder - die heilige Macht kann sich auch im Medium Bild vermitteln. Das Bild veranschaulicht und vergegenwärtigt die dahinterstehende (göttliche) Macht. Durch das Bild trete ich mit der Macht in Kontakt und erhalte Anteil an ihr. Im Judentum wie im Christentum übrigens ist das Bild als Medium göttlicher Macht höchst umstritten. Das Alte Testament pflegt einen sehr polemischen Umgang mit Gottesbildern, so wie es im zweiten Gebot festgehalten ist: "Du sollst dir kein Bildnis machen." Die Macht des Gottes Israels, davon sind die Verfasser der jüdisch-christlichen Bibel überzeugt, ist größer als alles, was ein Bild wahrnehmbar machen könnte.

Ähnlich wurde auch bei allen Bilderstreiten oder Bilderstürmen in der Geschichte des Christentums argumentiert, im 7. Jahrhundert, in der Reformation ... Das Bild ist ein heiliges Medium von Religion, und das Bild ist ein umstrittenes Medium christlicher Religion. Könnte es daran liegen, daß den Bildern selbst "Heiliges" innewohnt?

Die Sakralität der Bilder

Der Filmhistoriker und Filmtheoretiker Georg Seeßlen[1] hat sich vor einiger Zeit öffentlich Gedanken darüber gemacht, woran es liegt, daß es seit der Erfindung des Films so wenige wirklich religiöse und auch so wenige wirklich blasphemische Filme gegeben hat. Das liegt nicht, so meint er, an der Zensurgewalt und an der Einflußnahme der kirchlichen Organisationen - nein. Das liegt nicht am grundsätzlichen Desinteresse der Filmemacher an religiösen Themen - nein.

Sondern, vermutet Seeßlen, es liegt an der Sprache des Films selbst, am Zeichensystem des Films. Die Bildersprache des Films ist selbst sakral, so Seeßlen, so daß ein wirklich religiöser Film das Zeichensystem des Films noch einmal transzendieren muß, ein wirklich blasphemischer Film das Zeichensystem des Films selbst demontieren muß.

Denn der Film ist ein System von Zeichen, das in seiner Bedeutung ins Unermeßliche gesteigert wird, das heißt ins Sakrale: "Um zu funktionieren, muß jeder Film danach trachten, seine Zeichen schwerer zu machen" - das heißt: dichter, das heißt: bedeutsamer zu machen. Die Sprache des Films wählt nicht nur aus, verdichtet die Wirklichkeit nicht nur, sondern bietet auch das, was gleichsam an der Wirklichkeit fehlt, schafft also eine Transzendenz.

So verhält sich also der Film zur Wirklichkeit nicht viel anders als ein religiöses System, einschließlich moralischer Imperative, einschließlich einer indirekt formulierten Theologie, einschließlich der Erlösung und Verdammung. Die Gegenüberstellung von Film und Religion, also von Bildersprache und Religionssprache bedeutet die Gegenüberstellung von zwei einander ebenso verwandten wie verfeindeten Zeichensystemen.

Pasolini hat in diesem Zusammenhang von der "technischen Sakralität des Films" gesprochen. Das heißt: Der natürlich gewachsenen Sakralität des religiösen Zeichensystems steht heute ein synthetisches, industrielles Zeichensystem gegenüber, das ja gar nicht anders kann als in einen gewissen Konkurrenzkampf einzutreten. Dies betrifft nicht allein die Bedeutung der Zeichen, also die Inhalte, sondern es betrifft auch die Umstände ihrer Erfassung, das heißt ihrer Rezeption.

Wenn es also wahr ist, daß das Zeichensystem des Films selbst sakral ist, heiligt es dann nicht unwillkürlich die Macht, die hinter den Bildern steht? Hinter der Institution Fernsehen steht unsere pluralistische, kapitalistische Gesellschaft. Wenn sich also nun unser gesellschaftliches System in Medium Fernsehen spiegelt, könnte es sein, daß das Medium Fernsehen dieses Gesellschaftssystem sakralisiert?

Die Funktion von Religion

Wozu dient die Religion dem Menschen? Was sie ihm bietet, sei in sieben Thesen angedeutet:[2]

1. Religion bietet Beheimatung in einer Lebenswelt, die ich als undurchschaubar, komplex und verwirrend erlebe. Sie bietet Orientierung in der bedrohlichen Komplexität des Kosmos.
2. Religion bietet Vergewisserung auf Dauer, und zwar im persönlichen wie im gesellschaftlichen Bereich. Sie trägt, individuell wie kollektiv, über die Diskontinuitäten des Alltags hinweg.
3. Religion gliedert die Zeit in ritualisierte Tages-, Wochen- und Jahreszeiten.
4. Religion verschafft das Erlebnis von Transzendenz, der Befreiung von der Verschlossenheit des Ich, verschafft die Erfahrung von Entrückung und Ent-Äußerung.
5. Religion vermittelt die Erfahrung des Einswerdens mit dem Unbegrenzten aus der individuellen Begrenzung heraus.
6. Religion personalisiert, individualisiert und benennt das Bedrohliche und Fremde.
7. Religion schafft, beantwortet und entwickelt den Überlebensmythos der Gesellschaft fort, die sie geschaffen hat.

Stärker als alle anderen Medien wie Zeitung oder Hörfunk erfüllt das Fernsehen diese, nennen wir es: Nutzungsaspekte einer Religion. Kaum merklich, aber elementar hat sich mit dem Einzug des Fernsehgerätes das Zusammenleben einer bundesdeutschen Familie verändert. So hat das Fernsehgerät, vielleicht vergleichbar mit einem Hausaltar früher, heute seinen Platz im Zentrum des kommunikativen Geschehens einer Familie. Unmerklich und diskussionslos haben die Menschen die Tagesabläufe, die Wochenrhythmen und Jahreszeitengliederungen des Mediums Fernsehen übernommen. Nicht mehr die Kirchenglocken ordnen den Tag, schon lange nicht mehr, sondern die Nachrichten, die Kinderfilme, die Spielfilme und die Sportübertragungen.

Als eine Sport-Schau von ihrem gewohnten Sendeplatz verschwand, las man darüber:[3] "Es ist nicht mehr zu ertragen, es muß entschieden werden. Wir wüßten gern, ob es noch einen Sonntag gibt, und wie er sein wird. Denn am Wochenende wird, wie die Dinge liegen, auch zum letzten Mal die ARD-Sportschau zu sehen sein, welche der liebe Gott an einem Samstag schuf, und die SAT 1 uns nun nimmt. Nimmt? Kann es sein, daß man die Sportschau abschafft? Daß es sie einfach nicht mehr gibt? Wird gegen 19 Uhr ein Körper aus einer Strickjacke verschwinden, sich auflösend in ihr, während die Jacke sinnlos weiter vor uns steht? Zweifellos wäre dies das definitive Ende der alten Bundesrepublik, welche nirgends besser dargestellt wurde als in der Cracker-Knäcker-Männerwelt des 18.05 Uhr-Fußballkinos. Aber wird nicht vielleicht die Sportschau, die den deutschen Samstag in ein "Vorher" und ein "Nachher" teilte, an einem geheimen Ort weiterbestehen? Weitermoderiert werden im Untergrund von Dieter Adler und Heribert Faßbender, oder gar Ernst Huberty?" - So übernimmt das Fernsehen heute die Ritualisierung des Alltags.

Aber es übernimmt auch dessen Stabilisierung. Denn das in der Bilderwelt verankerte emotionale Orientierungssystem beruhigt, und es vermittelt andererseits Werte, die über Verwirrungen und Verstörungen der alltäglichen Lebenswelt hinwegzuhelfen scheinen. Mehr noch als beim Individuum produziert das Fernsehen gesellschaftlich eine neue symbolische Ordnung der Welt und des Lebens. Diese Ordnungen sind leicht verständlich, denn sie basieren auf einer Bildersprache, die weltweit austauschbar ist und scheinbar in jede noch so fremde Kultur hinein übersetzbar. Man denke nur an die Verbreitung solcher Serien wie "Dallas" oder "Denver-Clan", die von China bis Afrika bis in die Beduinenzelte hinein scheinbar problemlos reproduziert werden. Offenbar entwickelt die Bildsymbolik eine beinahe archetypische Sprache. Und zwar eine Sprache, die den einzelnen wie die Gesellschaft ungemein entlastet. Einerseits spiegeln die Bilder des Mediums Fernsehen eine Wirklichkeit vor, andererseits aber ist diese Wirklichkeit fiktiv, muß also vom Zuschauer nicht als eigene bedrängende Realität wahrgenommen werden. So schützt das Fernsehen also vor dem elementaren Einbruch unmittelbarer persönlicher Erfahrung. Das Fernsehen ist unbestreitbar für viele Menschen ein Stück neuer schützender Heimat, in die der Zuschauer nach seinem Alltag der Entfremdung und der Fremdforderung flieht. Marx sagte einmal: "Religion ist Opium des Volk." In diesem Sinne, ja, ist Fernsehen Religion.

Außerdem ist dieses Medium ein Instrument der Unlust-Reduzierung und wird es immer mehr. Alle gesellschaftlichen Dissonanzen und Bedrohungen, die in diesem Medium zum Thema werden, verlieren durch das Medium selbst ihre angstmachende Wirkung. Das einzige Beipiel in der jüngsten Geschichte, wo das allmächtige Fernsehen entmythologisiert wurde, scheint mir die Golfkrieg-Berichterstattung gewesen zu sein. Hier plötzlich verlor das Medium seine tröstende Funktion, mußte eingestehen, daß es uninformiert ist, falsch informiert, reingelegt wurde. Allerdings scheint die ernüchternde Wirkung des Golfkriegs im Fernsehen schon wieder vergessen, und wieder erfüllt das Medium Fernsehen die Funktionen religiöser Vergewisserung, Stabilisierung und Tröstung.

Wie es scheint, hat das Fernsehen eine Rolle übernommen, die Jürgen Habermas einst dem Christentum zugesprochen hat: "Es war der Monotheismus in seiner Form als Christentum die letzte Gedankenformation, die eine von allen Gesellschaftsmitgliedern anerkannte, einheitsstiftende Interpretation gegeben hatte." Heute stiftet das Medium Fernsehen Einheit und Weltdeutung; scheint das Fernsehen die letzte Instanz des Wissens und der Wertebildung; scheint das Fernsehen der Mythos und gleichzeitig der Mythenproduzent, auf den unsere Gesellschaft gründet. Denn jede Religion gebiert ihren Mythos, schafft ihre Mythen, ihre sinn- und begründungsstiftenden Geschichten. Und so wie das Passah-Fest, das den Auszug aus Ägypten vergegenwärtigt, der Mythos der jüdischen Gesellschaft war und ist, so repräsentiert der täglich wiederkehrende Fernsehkult den Mythos der Bundesrepublik Deutschland, sakralisiert unsere Gesellschaftsform und erspart uns die öde, langsame, langweilige, unspektakuläre, mühsame, langatmige, ungeschnittene Wirklichkeit dieser Gesellschaft und der Menschen, die an ihr arbeiten.

Was ist ein Mythos?

Was aber ist ein Mythos? Ich muß an dieser Stelle noch einmal Begriffe wägen, um sie sozusagen kompatibel zu machen: Mythos, Religion und Fernsehen.

Am klarsten definieren die Sprachwissenschaftler den Begriff "Mythos", denn sie gehen von konkreten Texten aus, die sich auf einen klaren historischen Rahmen beschränken lassen, oder auch von Mythologemen mythischen Motiven in konkreten Texten. Mit diesem Instrumentarium aber ist der Frage nach einer Konkurrenz der Mythen in Religion und Fernsehen nicht beizukommen.

Es gilt vielmehr, Strukturen des Mythos zu suchen und zu fragen, ob sie gleichermaßen auf die Fernsehgeschichten wie auf die Religionsgeschichten angewandt werden können. Demnach lautet die Definition des Mythos, entlehnt von dem französischen Soziologen Roland Barthes:[4] "Mythos ist eine Sprechweise. Daher kann alles zum Mythos werden, vorausgesetzt, es ist sprachlich vermittelt. Der Mythos definiert sich nicht durch den Gegenstand seiner Aussage, sondern dadurch, wie diese Aussage zum Ausdruck gebracht wird."

Ich möchte meine Bemerkungen in drei Fragestellungen gliedern: 1. Haben die Mythen der Religion und des Fernsehens Strukturähnlichkeiten? 2. Erfüllen die Mythen des Unterhaltungsmediums Fernsehens und der Religion ähnliche Funktionen im Leben des einzelnen und der Gemeinschaft? 3. Welche Botschaften verkünden die Mythen des Christentums im Vergleich zu den Mythen des Fernsehens?

Die Kategorien für eine definierende Beschreibung des Mythos beziehe ich im Wesentlichen aus einem Aufsatz des australischen Massenmedienforschers Myles Breen über Definition und Struktur des Mythos:[5]

1. Der Mythos wird unbewußt akzeptiert

Der Mythos argumentiert nicht, er beweist nicht; er behauptet. Ebenso: Das Bild-Medium Fernsehen argumentiert nicht, es behauptet. Dem entspricht, daß wir, die Rezipienten ihm auf der Ebene des Glaubens folgen, nicht der des Wissens; auf der Ebene der Emotion, nicht der der Ratio. Das bedeutet, daß wir einen erstaunlich guten Willen haben, alles, was uns durch dieses Medium entgegenkommt, was da gesagt und was da gezeigt wird, emotional für wahr zu halten: die Nachrichten, Dokumentationen, über die Spielfilme bis hin zu Werbung und Wetterbericht. Wir machen uns in der Regel nicht die Mühe, ja wir sind gar nicht dazu in der Lage, alle Informationen und Botschaften, die uns aus dem Fernsehen entgegenkommen, auf ihren Wahrheitsgehalt zu überprüfen und die Ausschnitte von Wirklichkeit, die uns das Medium vermittelt, zu ergänzen.

Unsere Manipulierbarkeit durch dieses Medium bei der Golfkriegsinszenierung bestätigt dieses unbewußte Fürwahrhalten. Obwohl sich manche Journalisten alle Mühe gemacht haben, über ihre Arbeitsbedingungen zu informieren - der Stimmungserfolg lag auf der Seite der Zensoren. Wir haben dem Medium und seinen Bildern mehr geglaubt als dem, was wir eigentlich hätten wissen müssen.

Wenn ich mich einmal auf das mythische System der Religion eingelassen habe, verhalte ich mich als gläubiger Mensch gegenüber der Religion ähnlich. Auch wenn ich mich entschieden habe, nie aufzuhören zu fragen und meinen Glauben befragen zu lassen, gibt es für den

Glauben ein Für-wahr-halten, das auch durch die wissenschaftlichen Methoden der Bibelkritik beispielsweise unzerstörbar ist.

Ich erinnere mich an ein Hauptseminar im Neuen Testament, bei dem wir die Passionsgeschichte Jesu analytisch so zerlegten, daß am Schluß für alle Teilnehmer rational fraglich sein mußte, ob Jesus überhaupt gelebt hat. Und dennoch muß das Wissen den Glauben nicht eliminieren. Sie können sich gegenseitig in Frage stellen, in Spannung treten, befruchten und gleichzeitig in einer friedlichen Koexistenz leben.

Denn die Mythen des Fernsehen, wie die der Religion, zielen auf das Unbewußte, nicht auf die Rationalität. Auf unser Bedürfnis, für wahr zu halten, nicht auf das Bedürfnis zu wissen.

2. Der Mythos benötigt die Sprache

Sallust sagt: Der Mythos beschreibt Dinge, die nie geschehen sind, aber immer sind. Und der Schriftsteller Karl Sagan beschreibt den Mythos als eine "Sprachfigur, die befähigt, einen Sachverhalt zu beschreiben, der in anderer Weise nicht zu beschreiben ist."

Das Fernsehen hat eine höchst wirksame Sprache zur Verfügung: die Bildersprache. Es ist der größte Bildergeschichtenerzähler der Welt. Das Medium Fernsehen löst Sachverhalte in Szenen, Gesten und Symbole auf und deutet sie mit Sprache. Dies ist nicht die Sprache der Argumentation, sondern eine Sprache, die beim Zuschauer Erinnerung und Identifikationen auslöst.

Auch die Religion entwickelt eine Bildersprache, genauer, sie entwickelt Sprachbilder, mit denen sie Empfindungen zum Ausdruck bringt, Identifikationen auslöst und zu einer Liturgie gerinnen läßt. Ebenso wie beim Medium Fernsehen die Dramaturgie, so ordnet Liturgie diese menschlichen Empfindungen in Bildfolgen, Szenen und Symbole, die durch Sprache gedeutet sind.

Beide, Fernsehen und Religion, sind so in der Lage, dem Unbeschreiblichen der Emotionen eine Sprache zu verleihen, es in Szene zu setzen, zu inszenieren.

3. Der Mythos gibt menschlichen Sehnsüchten Gestalt

In einem nie gekannten Ausmaß werden in unserer Zeit durch das Medium Fernsehen Sehnsüchte geweckt, mobilisiert, angesprochen und gestaltet. Die Werbung ist das auffälligste Beispiel.

Mit der Sehnsucht, der Suche nach dem "goldenen Vlies", arbeiten mehr oder weniger verschämt auch Serien, wie die im ZDF ausgestrahlte Reihe "Insel der Träume". Menschen mit schweren Lebensproblemen pilgern hier zu einer Insel, auf der ein alter Mann mit weißem Bart wohnt (eine Mischung zwischen Gott, Psychoanalytiker und Priester). Er weiß, was für die Klienten gut ist, und er führt sie zu einer Quelle, mit deren Hilfe sie in ihr Innerstes, Unbewußtes steigen und dort, ich zitiere aus der Heiligen Schrift: "erkennen, wie sie selbst erkannt sind". In der Selbstschau erleben die Besucher der Insel Himmel und Hölle, aber was auch immer sie sehen, sie kehren gereinigt, als neue Menschen in ihr altes Leben zurück. Was es in diesen mythischen Geschichten nicht gibt, ist das irreparable Zerbrechen, das Zuspät.

Mit Sehnsüchten arbeiten Serien, die, wie zum Beispiel "Die glückliche Familie", "Dallas" und viele andere, mit hohen Einschaltquoten die Vorabend- und Abendprogramme füllen.

Das Christentum ist eine Religion der großen Visionen. Es könnte nicht existieren ohne die Sehnsucht. Das Neue Testament ist übervoll davon: Es inszeniert die Sehnsucht nach Gerechtigkeit mit Geschichten von einem ewigen Gericht, es inszeniert die Sehnsucht nach Geborgenheit mit der Geschichte vom "Verlorenen Sohn". Es inszeniert die Sehnsucht nach Reichtum in einem übertragenen Sinn mit der Geschichte vom vergrabenen Schatz im Acker und der Perle. Es inszeniert die Sehnsucht nach Heilung durch viele, viele Heilungsgeschichten und die Sehnsucht nach einem Happy-End mit der Vision von einem Land, in dem kein Leid mehr sein wird und kein Geschrei, und in dem Gott abwischen wird alle Tränen. (Offenbarung des Johannes 21,4)

4. Der Mythos hat eine narrative Struktur

Das Fernsehen erzählt, die Religion erzählt. Beide halten sie den Zuhörer und den Zuschauer in Atem, indem sie Stück für Stück langsam hintereinander die Informationen mitteilen und so Überraschungs- und Spannungselemente erzeugen. Serien leben geradezu von dem Gesetz des Erzählens und des rechtzeitigen Verschweigens. Claude Levi-Strauß formuliert: Es ist ein Gesetz des Mythos, daß er einander widersprechende Positionen in Erzählstrukturen auflöst und sie unterschiedlichen Protagonisten zuschreibt. Da steht Gott dem Satan gegenüber im Streit um den Hiob, und Adam der Eva, Kain dem Abel,

Jakob dem Esau, Jesus dem Judas und der Auferstandene dem Thomas. Unter den gleichen Gesetzen entwickelt ein Spielfilm seine Dramaturgie. Spannung wird erzeugt durch den Widerspruch der Charaktere und den gezielten Einsatz neuer Informationen. Und in beiden Fällen wirken die Mythen, indem der Zuschauer beginnt, sich mit den Charakteren zu identifizieren und sich ins Spannungsfeld zu begeben.

5. Der Mythos ist traumähnlich

Stanley Kubrick, der Vater von "Barry Lyndon" und "2001: Odyssee im Weltraum", der Regisseur also von wirklich mythischen Filmen, hat einmal formuliert: Ich glaube, ein Publikum, das einen Film anschaut, befindet sich in einem Zustand, der dem Träumen sehr nahe kommt, so daß die Erfahrung des Dramas zu einer Art kontrolliertem Traum wird. Das Publikum kommuniziert auf einer unbewußten Ebene, und das Publikum reagiert auf einen Film auf einer unbewußten Ebene, ebenso, wie es auf einen Traum reagiert.

Demgegenüber oder besser dem zur Seite formuliert Eugen Drewermann in "Tiefenpsychologie und Exegese": "Der Mythos entsteht, wenn sich der Traum, die Vision, die Dichtung des einzelnen zu einem großen Traum erhebt, in dem die Symbolsprache der Traumbilder nicht nur den Niederschlag individueller Erfahrung widerspiegelt, sondern zugleich die Erlebnisse einer größeren Menschengruppe verdichtet, deutet oder vorgreifend gestaltet."[6]

Die Mythen des Mediums Film/Fernsehen rekapitulieren menschliche Träume und kommunizieren auf der unbewußten Ebene so, wie es die Mythen der Religion tun.

Die Ebene Bild-Symbol-Phantasie ist vital und mächtig. Mächtiger als alle logischen Gedankenkomplexe zusammen. Jeder, der schon einmal versucht hat, biblisch-mythische Geschichten in Bibliodrama, das heißt existentielle Dramaturgie umzusetzen, dem ist die Vitalität, aber auch die Abgründigkeit des biblischen Mythos begegnet.

6. Der Mythos schafft gesellschaftliche Identität

Die ersten Christen erzählten sich die Geschichte Jesu weiter - den Christusmythos. Und diese Geschichten bestimmten ihre Zugehörigkeit zur Gemeinde. Das ist bis heute so: dadurch, daß die Gemeindeglieder zumindest in geringem Maß die Geschichten des Christentums kennen, beziehungsweise an dem Ritus der Kirche teilnehmen, werden sie Teilhaber an den Heilsmitteln der Institution. Und, so wie treue Kirchenbesucher sich Woche für Woche der Gemeinschaft im Gottesdienst und Tag für Tag ihrer Partizipation an der Heiligen Schrift versichern, so vermittelt das Medium Fernsehen dem Zuschauer den Eindruck, er gehe der für ihn notwendigen Gemeinschaft verlustig, wenn er nur einen Tag aus dem Informations- und Unterhaltungssystem aussteigt.

Der Mythos setzt ein Ritual aus sich heraus. Und so wie die Christen sich dem christlichen Mythos am Sonntag im Rahmen des gottesdienstlichen Rituals anvertrauen, so hat das Fernsehen den Wochenrhythmus bei Serien übernommen und setzt sein Programm aus quasiliturgischen Elementen zusammen: Es gibt belehrende, meinungsbildende Elemente wie die Predigt, im Fernsehen das Feature; es gibt informierende Elemente im Gottesdienst - "Abkündigungen aus dem Leben der Gemeinde" - so wie im Fernsehen die Nachrichten; es gibt darstellende und unterhaltende Elemente wie in der Kirche der Introitus und die Gesänge, das sind im Fernsehen die Shows. Es gibt - lassen Sie mich den Vergleich auf die Spitze treiben - Glaubensbekenntnisse in Form von TED-Beteiligung.

Im Medium Fernsehen läßt sich der umfassende Weltdeutungsanspruch wiederfinden, den die Religion in der Liturgie darstellt. Was es nicht gibt, ist das Gebet, und was es nicht gibt, das sind die Sakramente. Also die beiden Elemente der Verschmelzung mit der konstituierenden Macht.

Funktionen des Mythos

1. Die Mythen des Fernsehens übernehmen wie die der Religion eine Funktion der Beruhigung und der Entlastung am Menschen. Mythen sind für uns ein notwendiges Hilfsmittel, mit komplexen Informationen umzugehen. Wir sortieren mit Hilfe des Mythos Informationen aus, elementarisieren sie und ordnen sie unserem Weltbild ein.

Die Funktion des Mythos, so schreibt Bronislav Malinowski 1948,[7] ist es nicht, Erklärungen zu liefern, sondern Vertrauen in Macht einzuflößen, nicht Geschichten zu erfinden, sondern jene Ereignisse festzuhalten und herauszuheben, die im kontinuierlichen Strom des Alltagslebens für die Gültigkeit des Glaubens zu zeugen vermögen.

Für den Theologenverstand, der an Karl Barths Gedankenfigur von der Krise der Religion durch die Einmaligkeit der Offenbarung geschult ist, mag so etwas noch heute anstößig klingen. Der Schwerpunkt theologischen Nachdenkens lag in den letzten Jahrzehnten eher auf der kritischen Funktion des Christentums gegenüber dem beruhigenden Mythos der Religionen. Inzwischen ist auch die evangelische Theologie bereit, den Mythos im Christentum wieder einzuholen, weil wir erfahren haben, daß mit der Krise allein ein Christ weder leben noch trösten kann. Der Theologenkongreß 1987 war ein eindrückliches Beispiel dafür, daß es wichtig ist, die Dimension der religiösen Erfahrung im Mythos wieder in die Theologie einzubringen. Man war sich darüber einig, daß die Themen Mythos und mythisches Denken für die Bereiche Religion und Theologie und Kirche von erheblicher Aktualität sind, und man wagte es wieder auszusprechen, daß der umfassende Wirklichkeitsanspruch des Christentums ohne mythisches Denken nicht verstehbar ist.

So hat sich in der Theologie in den letzten Jahren die Erkenntnis durchgesetzt, daß der Mythos seine eigene Wahrheit hat und daß ihm nicht beizukommen ist mit der scharfen Klinge der Rationalität. Aber man darf nicht vergessen, daß die deutsche evangelische Theologie fünfzig Jahre lang die Rationalität der Wissenschaft auf ihren Schild gehoben hat. Dies hat nach meiner Meinung einen Kahlschlag in der religiösen Erfahrung der Gemeinde, insbesondere im Gottesdienst bedeutet.

Was ich damit sagen will: Die christliche Theologie hat dadurch, daß sie im Raum der Kirche aufgeräumt hat mit den Mythen, dem Fernsehen mit seinen beruhigenden, entlastenden, tröstenden Funktionen das Feld überlassen, und man kann nicht sagen, daß das Fernsehen diese Funktion nicht zu unser aller Unterhaltung gut erfüllt. Ein Feld, das die Theologie seit der Aufklärung und besonders in diesem Jahrhundert geräumt hat, ist von denen besetzt, die heute das Leben in Geschichten auf den Begriff bringen: den Journalisten, den Filmemachern, den Showmastern und den Regisseuren. Heute mit einer gewissen Larmoyanz darüber zu klagen, daß die Kirche ihr Monopol auf die Mythen verloren hat, wäre unziemlich.

2. Der Mythos schafft Beispielgeschichten. Er erhebt eine Figur mit seiner Lebensgeschichte zu übergeordneter Bedeutung, zum Archetyp. Hier arbeitet das Fernsehen identisch wie die Religion oder die Päda-

gogik. Identifikation ist der beste Lehrmeister. Das Christentum hat für diesen Begriff des exemplarischen Beispiels das bekannte Wort "Nachfolge". Aber auch dieser Jesus, den es nachzufolgen gilt, hat in seiner Rolle als beispielhaftes Vorbild längst Gesellschaft bekommen. Heute konkurriert er mit John Wayne, Batman, Thomas Gottschalk und Hella von Sinnen.

3. Der Mythos schafft kulturelle Identität. Er sagt etwas über den Typ von Kultur, in dem wir leben. Diese Funktion nimmt der christliche Mythos nur noch für eine kleine Gruppe von Menschen wahr. Die kulturtragende Kraft hat das Christentum und mit ihr die Kirche im Zuge der Aufklärung verloren. An ihre Stelle ist in unserem Jahrhundert das Medium Fernsehen getreten. Und aus dem oft autoritär gegängelten Gläubigen ist ein nicht minder autoritär geführter Konsument geworden.

4. Der Mythos bietet Wertorientierung, wenn auch eine tolerante. Weil der Mythos erzählend angelegt ist, hat er von sich aus eine tolerante Grundstruktur. Er erzählt Welterklärungs- und Weltdeutungsgeschichten, die neben anderen stehen können. Raimondo Panikkar hat darauf hingewiesen, daß Mythos und Ideologie feindliche Geschwister sind, daß "die Toleranz eines Menschen ... direkt proportional zu dem Mythos (sei), den er lebt, und umgekehrt proportional zu der Ideologie, der er anhängt."[8] Die Instrumentalisierung und damit Ideologisierung des christlichen Mythos als alleiniges Heilsmittel, verabreicht durch die Institution Kirche, hat den Widerstand gegen die Wertorientierung, die die Kirche bietet, legitim und wichtig gemacht. Heute muß das Christentum seine Wertorientierung auf dem freien Markt anbieten. Das bekommt der Kirche gut, und das bekommt besonders den Geschichten des Christentums gut. Man entdeckt plötzlich - was die Alten längst wußten - daß der moralische Sinn einer biblischen Geschichte nur einen geringen Teil seiner Gesamtaussage ausmacht: daß eine Predigt sich nicht in Appellen erschöpfen kann. Und das Stichwort Spiritualität statt Moral hat Hochkonjunktur.

Heute liefern die Massenmedien, insbesondere das Fernsehen, die Wertorientierungen der Gesellschaft. Es mag zu diskutieren sein, inwieweit sie durch verschiedene Interessen aus Wirtschaft und Politik instrumentalisiert sind, die uns das Heil verkaufen wollen.

Welche Werte hier im wesentlichen vermittelt werden, dem möchte ich im folgenden nachgehen.

Der Text im Text

Ich schließe mich einem Aufsatz von William F. Fore, dem ehemaligen Präsidenten der "World Association of Christian Communication (WACC)", an: "The Mythic World of the US Television."[9] Nicht alles in diesem Aufsatz läßt sich unmittelbar auf die Fernsehverhältnisse in Deutschland übertragen. Aber wir debattieren ja schon seit Jahren über die schleichende "Amerikanisierung" der Inhalte unseres Fernsehens. Ich denke, daß die Beschreibung der amerikanischen Verhältnisse auch unsere Medienwirklichkeit tendenziell trifft - wenn auch nicht ungebrochen. Die These von William Fore lautet: Tendenziell beschäftigen sich Mythen mit der Transzendenz, also mit einer letzten Wirklichkeit. Die mythische Funktion des Fernsehens stellt eine geradezu künstlich geschaffene Oberfläche der Realität vor, die eine Rolle einnimmt, die nur der Rolle antiker Mythen vergleichbar ist.

Die Fernsehmythen drücken nicht, so Fore weiter, die offiziellen Regeln einer Gesellschaft aus, wie zum Beispiel die Grundgesetze oder die Heilige Schrift, sondern sie spiegeln die wirklichen Gesetze einer Gesellschaft, die Gesetze hinter den Gesetzen.

Und dies bedeutet in den USA, daß die Botschaften der Werbung die Werte der Gesellschaft bestimmen. 200 Millionen Amerikaner werden zusammengerechnet täglich mit 4,2 Milliarden Werbebotschaften überschüttet. Und sie erzählen uns, was wir tun sollen, wer wir sind, wohin wir gehen sollen und was Wert hat. Das Fernsehen in seinem kulturellen Gesamtanspruch definiert den Zuschauer in seinem Beziehungsfeld, in seiner sozialen Rolle, und es informiert ihn darüber, wer die Macht hat.

1. Der Stärkere überlebt.

2. Die Macht und die Entscheidungsgewalt beginnt in der Mitte und bewegt sich nach außen. Der Zuschauer hat den Eindruck, er lebt am äußersten Rand eines großen Netzes, in dessen Mitte andere für mich entscheiden, auch darüber, was ich sehen soll (Stichwort Golfkrieg).

3. Glück besteht aus grenzenlosem materiellen Erwerb. Konsum ist in sich gut. Wohlstand, Gesundheit und Macht sind wichtiger als Menschen. Besitzrechte sind wichtiger als Menschenrechte.

4. Der Fortschritt ist in sich gut. Keiner fragt, wohin es gehen soll, Hauptsache, es geht weiter. Was funktioniert, ist gut. Wichtig ist es, Probleme zu lösen, nicht nach Zielen zu fragen.

5. Es existiert ein freier Informationsfluß, aber nicht etablierte Standpunkte haben keine Chance, im Medium Fernsehen vorzukommen.

Ich habe bis jetzt viele Argumente zusammengetragen, die die Kongruenz der Funktionen und die Konkurrenz von synthetischer Religion und gewachsener Religion, von synthetischen Mythen und gewachsenen Mythen belegen sollten. Die Auseinandersetzung aber muß im weiteren inhaltlich geführt werden: Welche Mythen, welche Welt- und Seinsbegründung, welche Wertorientierung hat das Christentum gegenüber der Botschaft des Mythos Fernsehen festzuhalten?

Der Mythos des Christentums hat eine kosmische Dimension. Der Christusmythos erzählt von einem kosmischen Kampf Gottes gegen den Tod, der Liebe gegen das Nichts. Dieser Kampf findet an einem historischen Datum statt - nämlich im Jahr 33 nach Null, Karfreitag. Der Kampf dauert drei Tage. Am dritten Tage siegt Gott über den Tod. Und zwar ebenfalls an einem historischen Datum: Ostern 33 nach Null, sowie für alle Zeiten vorher und für alle Zeiten nachher.

Die Menschen - so erzählt es der christliche Mythos weiter, gelangen zu ihrer wahren Menschlichkeit, zu ihrer wahren Geburt durch die Taufe. Im Ritual der Taufe wird der Kampf des Lichtes gegen die Finsternis vergegenwärtigt. Und er vollzieht sich täglich im Leben des Christen, in dem, wie Luther schreibt, täglich der alte Adam ersäuft werden muß. Der Kampf Gottes ist dadurch gewonnen, daß Gottes Sohn unschuldig von seinen Menschenbrüdern gefoltert und getötet wird. Von Gott selbst wird er wiederauferweckt.

Das ist der Urmythos des Christentums, wie er besonders in der Osterzeit gegenwärtig wird. Der Teilnehmer erlebt in diesem Ritual die Heilung von der ewigen Zerrissenheit, genannt Sünde. Was geschieht mit einem Menschen, der an diesem Ritual des Kampfes zwischen Liebe und Tod teilnimmt? Nehmen wir die Liturgie am Karfreitag. Im gottesdienstlichen Geschehen gerät die Geschichte Jesu mit mir in eine heilvolle Verwicklung. Mich befällt das furchtbare Erschrecken, daß ich es bin, der Gott, die Liebe, tötet. Die abgründigen Züge meines Herzens werden freigelegt - in dem Sicherheit bietenden Rahmen der Liturgie.

Ich tauche mit Hilfe des Mythos in eine Welt der logischen Unvereinbarkeiten. Ich erfahre gleichzeitig: Ich bin der Mörder der Liebe, ich bin das Opfer - und ich bin Gottes geliebtes Geschöpf. Ich erfahre die unlösbare Verbindung von Liebe und Tod. Und ich verlasse den Gottesdienst als einer, der auf der Ebene des Mythos spielend begriffen hat, was es heißt: "für dich in den Tod gegeben", "der Tod ist verschlungen in den Sieg" oder "deine Sünden sind Dir vergeben".

Der erlebte Mythos hat mich konfrontiert, erschreckt, aufgenommen, getröstet und mich zu einer ungeheueren, wenn man so will, seelischen Verdauungsarbeit angeregt.

Der Fernsehzuschauer dagegen ist nicht Teilnehmer, sondern Voyeur. Ihm widerfährt kaum Vergleichbares. Er wird gefüttert, ohne verdauen zu können. Er beschließt ein Fernseherlebnis häufig mit der gleichzeitigen Erfahrung von Enttäuschung und Erleichterung. Enttäuschung darüber, daß er nicht verwickelt ist, und gleichzeitig Erleichterung darüber. Ich glaube, das ist ein dauernd unbefriedigter Zwiespalt. Der jedesmal endet mit dem Ende eines Films.

Der Mythos der Religion dagegen läßt mich nicht aus. Auf die Frage an Jesus: "Herr, bin ich's?" antwortet er: "Du sagst es." Nicht der umfassende Anspruch, die Qualität des Anspruchs unterscheidet den Mythos des Fernsehens von dem der Christen. Der Mythos der christlichen Religion läßt sich nicht abschütteln wie der synthetische. Er geht mit mir, formt mich, gestaltet mich und lebt in mir weiter.

Unterschiedlich dann auch die Botschaften, die die Mythen übermitteln. Die Mythen des Fernsehens können beinahe als Antitext verstanden werden zu den Grundmythen des Christentums. Der Satz: "Der Stärkere überlebt" steht dem Satz entgegen: "Meine Kraft ist in den Schwachen mächtig."

Der Botschaft: "Die Macht sitzt im Zentrum, ich sitze am Rand", steht die religiöse Erfahrung gegenüber: Gott hat sich für Dich erniedrigt, um Deinetwillen hat er Macht aufgegeben, damit Du Vollmacht erhältst.

Der Botschaft: "Fortschritt ist in sich gut", antwortet der Mythos des Christentums: "Wer mir nachfolgen will, der nehme sein Kreuz auf sich", und solidarisiere sich mit den Zurückgebliebenen.

Dem Mythos vom freien Informationsfluß im Fernsehen antwortet das Christentum: Alles, was Du zur Heilung Deiner Seele brauchst, das findest Du in der Geborgenheit des Glaubens. "Ich bin das A und das O, der Anfang und das Ende."

In diesen Zeiten leben sie in einer fruchtbaren Spannung, die Mythen der Religion und die Mythen des Fernsehens. In einer Spannung, die im Mythos des Christentums schon von jeher als "weltlich" und "geistlich" beschrieben ist. Es kann also keinesfalls zur christlichen Tugend ernannt werden, die Mythen des Fernsehens generell zu bekämpfen, womöglich das Fernsehen selbst. Sondern es gehört zur Selbstverantwortung des mündigen Menschen, von welchem Mythos er sich letztlich affizieren läßt und welcher Weltdeutung er sich anvertraut. Ich glaube nicht, daß der Mythos des Christentums erlöschen kann. Denn der Mythos des Christentums ist ein "Mythos der Verlierer". Er wird dann erlöschen, und zwar völlig legitim, wenn es keine Verlierer mehr gibt.

Anmerkungen

1 G. Seeßlen: Sakralität und Blasphemie. Vortrag in der Evangelischen Akademie Tutzing, 1990.

2 Vgl. hierzu W.R. Schmidt: Fernsehen als Religion? Überlegungen zur Beheimatung im elektronischen Medium. In: Claus Eurich/ Imme de Haen (Hrsg.): Hören und Sehen. Die Kirche des Wortes im Zeitalter der Bilder. Stuttgart 1991, S. 113 ff.

3 In der Süddeutschen Zeitung vom 16./17. Mai 1992, Seite 1.

4 Vgl. die Beiträge von M. Breen und W.F. Fore, in: Media Development, 2/1987, S. 5 ff. und S. 8 ff.

5 M. Breen: Definitions and Functions of Myths in Mass Media, in: Media Development 2/1987, S. 8 ff.

6 E. Drewermann: Tiefenpsychologie und Exegese, Band I: Die Wahrheit der Formen, Olten/Freiburg, 2. Aufl. 1985, S. 132 ff.

7 B. Malinowski: Magic, Science and Religion, New York 1948; deutsch: Magie, Wissenschaft und Religion, Frankfurt 1973, S. 68.

8 R. Panikkar: Rückkehr zum Mythos, Frankfurt/Main 1990, S. 15 ff.

9 W.F. Fore: The Mythic World of US Television, in: Media Development, 2/1987, S. 5 ff.

Barbara Sichtermann

Die Karriere des Religiösen in den Medien

Religion war immer auf Medien angewiesen. Als das Christentum noch herrschte, gab es seinen Medien Sinn und Daseinsberechtigung; nur wer zuvörderst zur Frömmigkeit aufgerufen hatte, durfte sich auch Weltlichem widmen. Schrift, Buchdruck, Theater und Malerei dienten der religiösen Mythologie und dem Glauben - durch diese Filter hindurch behandelten sie die Sorgen und Freuden des Diesseits.

Heute ist es umgekehrt. Die Medien gehören - in den westlich-zivilisierten Teilen des Erdballs - der Welt, und das Religiöse besetzt artig ein paar ihm gnadenvoll überlassene Restplätze im Programm. Von den Einschaltquoten der Gottesdienstübertragungen im Fernsehen, der Predigten im Radio ist nie die Rede: Das quantitative Argument macht sich schlecht, wo es um Transzendentes gehen soll, es spräche ja auch nicht für die Attraktivität der elektronisch übermittelten frohen Botschaft. Der Buchmarkt, das Kino, das Theater, sie sind längst gänzlich säkularisiert, religiöse Titel und Themen - von Ausnahmen abgesehen - erweisen, daß das Christentum in die Epoche seiner *Historizität* eingetreten ist. In den Tages- und Wochenzeitungen schließlich gibt es nicht einmal mehr Platz für die Geschichte der Religion - außer an Feiertagen. Fernsehen, Hörfunk, Presse, Kino: Sie dienen der weltlichen Mythologie und dem Leben vor dem Tod - durch diese Filter hindurch behandeln sie pflichtschuldig die Sorgen und Nöte der Kirche und die verbliebenen Emanationen des Religiösen.

Von Zeit zu Zeit wehen Meldungen des Tenors: "Wiederkehr des Religiösen" durch die Blätter, und im Fernsehen bestätigt ein Pfarrer im aktuellen Interview, daß der sterbliche Mensch den Trost Gottes und des Glaubens brauche. Es zeigt sich aber dann meist, daß diese religiösen Wellen zu vielgestaltig und privat sind, als daß sie sich noch einmal an die großen Kirchen binden ließen: Sie transportieren vage Hoffnungen auf eine bessere Welt, in denen Astrologie, Geistheilerei und Wiedergeburt ebenso ihren Platz haben wie Kartenlegen und transzendentale Meditation. Wie in Amerika suchen die Frustrierten auch bei uns ihr Heil in Sekten, Zirkeln und esoterischen Praktiken; sowas kommt und geht wie Haar- und Kleidermoden und hat mit der verbindlichen Kraft der christlichen Religion, die es ja als Institution und Prätention weiterhin "gibt", gar nichts zu tun. Für Medien sind Sekten immer ein Thema, weil die Machtbesessenheit ihrer Führer und die Dummheit und Hilflosigkeit ihrer Gefolgschaft mit Naturnotwendigkeit interessante Skandale produzieren. Mehr steckt kaum hinter der "Wiederkehr des Religiösen" und der Wiederkehr dieser Meldung. Das Religiöse als Communio, welches die Gläubigen örtlich, spirituell und moralisch eint, ist (im Westen) versunken.

Alle modernen Medien spiegeln diesen Niedergang. Daß die Kirchen - als "relevante gesellschaftliche Gruppe" neben Parteien, Gewerkschaften und Unternehmensverbänden - in den Gremien vertreten sind, welche die Sender beaufsichtigen, ist kein Gegenbeweis. Machtstrukturen bauen immer auf Traditionen auf, auch auf abgelebte. Obwohl sie ihre spirituelle Vereinigungskraft längst verloren haben, konnten die Kirchen doch eine Spielart politischer Macht für sich retten: Einfluß und Geld. Der Grund dafür läßt sich am besten negativ formulieren: Es traut sich niemand, gegen das hohle, verkrustete Gebäude dieser Macht so zu treten, daß sichtbar würde: Da lebt nichts mehr. In Deutschland wäre so ein Akt besonders fatal, denn man weiß: Die Nazis stänkerten gegen die Kirchen und arrangierten sich zugleich mit ihnen; ähnlich ging es im realen Sozialismus zu. Wer wollte es den brutalen deutschen Diktaturen gleichtun und sich an den Kirchen vergreifen. Also schweigt man lieber stille und macht mit den leeren Traditionshülsen, als welche die Kirchen heute dastehen, Politik.

Neue heidnische Religion

Wenn so eine Politik doch möglich ist, muß es auch noch Menschen geben, die mehr in den Kirchen sehen als leere Hülsen. Ja, da wir alle sterblich sind, suchen wir, spätestens wenn das Alter naht, den Trost Gottes und des Glaubens, nicht alle natürlich, nicht einmal die Mehrheit vermutlich, aber es sind doch genug, die an der Schwelle des Todes das Beten neu erlernen und so den längst um ihre lebendige Ekstase gebrachten Kirchen einen Rest von Autorität zurückerstatten. Außerdem profitieren die Kirchen davon, daß es der weltlichen Kultur bisher kaum gelungen ist, die Grenz- und Schwellenereignisse menschlicher Lebensläufe festlich zu begehen. Hochzeit, Kindstaufe und

Begräbnis treiben die abtrünnigen Schafe in die Kirchen zurück. Man will doch einmal im Leben ein wenig Weihe spüren, egal, ob man glaubt oder nicht. Auch binden uns die Überlieferungen der großen christlichen Fest und die Lust aufs Feiern an den Kalender und die Rituale des Christentums. Daß die wenigsten heute wissen, was zu Pfingsten, dem bedeutendsten christlichen Fest, überhaupt gefeiert wird, und stattdessen Weihnachten für das bedeutendste halten, Weihnachten, das der christlichen Offenbarung eigentlich fremd ist, das aus purem Opportunismus dem christlichen Kanon zugeschlagen wurde, damit die ehemaligen Heiden sich von ihren Sonnenwendfeiern nicht zu lösen brauchten - das spricht Bände.

Wir sind längst wieder "Heiden" geworden, die, wenn das Jahr oder das Leben zuende geht, christliche Gewänder überstreifen - aus Gewohnheit und weil es nichts Besseres gibt. Die Kirchen spielen mit. Sie wissen um den zerrütteten Glauben ihrer Gemeinden, und wenn ihre Pfarrer diese Apostasie beklagen und rügen, dann milde und verständnisvoll. Wahrscheinlich weil sie selbst nicht viel mehr aufzuweisen haben als einen zerrütteten Glauben - und Gewohnheit. Eine Gewohnheit, die, da mit materiellen Mitteln gestützt und von personellen und institutionellen Hierarchien solide abgesichert, Tradition heißen darf. Als solche teilt sie eine Macht zu, von der niemand wünscht, daß sie auf die Straße fällt, und der deshalb auch mediale Selbstdarstellung gewährt sein muß. Zwar hat die Macht der Kirche ihren Anker im Herzen der Menschen verloren, aber sie ruht doch besser in den Händen der Hierarchen, die sie immerhin für sich und die mit ihr verbandelten Politiker zu nutzen wissen, als daß sie ins Nirgendwo fiele. Daß es zu diesem Fall noch nicht gekommen ist, *dafür* bürgt die mediale Präsenz der Kirchen - die im übrigen durch einen kuriosen Rest von Zensur in den öffentlich-rechtlichen Medien gestützt wird: Kritik an Christentum und Kirche sind tabu.

Ferner reservieren die öffentlich-rechtlichen Rundfunkanstalten den Kirchen vorab ein gewisses Quantum Sendezeit - ein Privileg, das keine andere "gesellschaftlich relevante Gruppe" teilt. Zwar sollen alle Gruppen und Kräfte zu Wort kommen, und die Dynamik der Programmgestaltung lebt zu einem Gutteil von dem Gerangel der "Gruppen" um Einfluß und Sendeplätze - aber daß vorab Sendezeit zugeteilt und garantiert würde, das gibt's für die Parteien und Verbände dann doch nicht. Aber für die Kirchen. Wieso eigentlich? Da könnte ja jeder kommen. Die Kirchen sind eben nicht "jeder". Wo es um heilige Güter wie die Seelen der Menschen und ihre Aussicht auf Erlösung und Auferstehung geht, macht man Ausnahmen. Daß man aber diese Ausnahmen überhaupt machen muß, das heißt, daß die Kirchen um das Interesse des Publikums nicht wie alle anderen "Gruppen", Themen, Thesen und Autoren im (mehr oder weniger) freien Wettbewerb ringen müssen, zeigt in schöner Deutlichkeit, daß sie, die Kirchen, die Aufmerksamkeit der Fernseh- und Rundfunkteilnehmer nicht mehr zu fesseln vermögen. Die Angst vor dem Fegefeuer ist versiegt, beziehungsweise auch sie hat sich verweltlicht (atomarer Holocaust, Klimakatastrophe und so fort). Damit ist die Urquelle des religiösen Verpflichtungsgefühls vertrocknet.

Müßten die Kirchen heute ihr Medienpublikum umwerben, entschiede auch bei ihnen die Einschaltquote oder käme ihr wenigstens ein gewisses Gewicht zu, so gäbe es überhaupt keinen "Kirchenfunk", keine von geistlichen Redakteuren betreuten Magazine ("Gott und die Welt") und keine Übertragungen des Ostergottesdienstes aus Rom ("urbi et orbi"). Die Kirchen sind ihr Medienpublikum längst los. Sie mischen als Gäste eines anderen Zeitalters in den modernen Medien mit - wegen der besagten Tradition und der Rücksicht auf ihre ökonomische und soziale, koalitionsfähige Restmacht.

Der letzte Schritt in die konsequente Weltlichkeit, der auch die Kirchen zwänge, ihr Heil und das ihrer Gemeinden im offenen Wettbewerb um die Herzen und Hirne ihrer potentiellen Klientel zu suchen, wird in der Bundesrepublik vermieden. Stattdessen räumt die (öffentlich-rechtliche) Medienverfassung ebenso wie die Steuerpolitik den Kirchen Privilegien ein und schanzt ihnen Vorteile und Freiräume zu, von denen andere Institutionen kaum zu träumen wagen. Wahrscheinlich fällten die für die Rundfunkverfassung zuständigen Gremien ihre konservativen Entscheidungen in der ungewissen Angst, es könne von unseren Kirchen allhier vielleicht doch ein machtvoller Herrgott vertreten werden, dessen Rache, wenn sein Wort im elektronischen Rauschen nicht mehr identifizierbar wäre, fürchterlich sein würde.

Kathedralen als Massenmedien

Die ursprünglichen und dem Religiösen angemessenen Medien sind die Münder der Priester und die Schauplätze ihrer Erleuchtung, ihrer Predigten, ihres Segens gewesen: die Gotteshäuser. Der moderne Medienbegriff läßt uns nicht gerade an Kirchen denken; bei Theatern,

Sportstadien und Lichtspielhäusern sind wir schon eher geneigt, sie in unser Medienverständnis aufzunehmen. Handeln wir aber von der Karriere des Religiösen in den Medien, so müssen wir mit den Kirchen beginnen und auch sie als ortsgebundene Veranstaltungshallen mit wechselndem Programm verstehen.

Die Kathedralen des Mittelalters, auch die kleinen Dorfkirchen waren auf ihre Art Massenmedien in dem doppelten Sinn, daß sie eine große Anzahl von Gläubigen einluden und beherbergten und darüber hinaus tendenziell allen Menschen, die im Umkreis dieser himmelstürmenden Sendemasten lebten, als Orientierung und Verheißung dienten. Die Kirchen waren von außen und von innen, als Mahnungen und als Häuser, für das ganze Volk gedacht, ja für die Menschheit - wenngleich ihre Größe, ihr Schmuck und ihre Raumaufteilung dafür sorgten, daß die Existenz einer Hierarchie von Gott über seine würdigen Vertreter bis herab zum ärmsten Sünder niemals in Vergessenheit geriet. Kirchen waren Orte der Sammlung, der Vereinigung in Gott, des Gebetes, der Reue, der Buße und der Vergebung; des Dankes, der Ehrfurcht, der Gnade und des jubilierenden Chorgesangs. Sie waren auch Orte herzhafter Freuden, deren weltlich-animalische Wurzeln nicht immer geleugnet zu werden brauchten. Das Hochzeitspaar lächelte sich vor dem Altar ganz unfromm zu, und der Erntedank wurde in Vorfreude auf Festmähler für den Leib begangen. So waren die Kirchen wahrlich Medien, das heißt Mittler zwischen Gott und seinen Kindern; sie gaben den Kindern nicht nur das Wort Gottes zu hören, sondern ließen sie auch freudvolle Gäste im Hause Gottes sein, sich wohlaufgehoben fühlen unter *Seinem* Schutz. Die Kirche brachte als sozialer Ort auch die Menschen einander nah und nötigte sie zu meditativen Pausen zwischen Klatsch, Haß und Eifersucht. Nicht daß die Menschen besser wurden, wenn sie der Predigt und der Orgel lauschten, jede Religionsausübung erzieht vielmehr geradeso zur Heuchelei wie zur Ein- und Umkehr, weswegen sie mindestens gerade soviel "bessert" wie verdirbt, aber es war gewiß die "Reunion" in der Kirche unter der Ägide des Pfarrers eine gute Möglichkeit für die Gläubigen, Abstand zu den Dingen der Welt zu gewinnen und so sich und die Mitmenschen in einem nicht-alltäglichen, durch die kunstvoll gestalteten Kirchenfenster feierlich gebrochenen und gefärbten Licht zu sehen.

Die christliche Religion findet immer noch in den Kirchen statt, aber nicht mehr nur in den Kirchen, und wenn man als Christ in einer Großstadt am Sonntagvormittag in die Kirche geht und diesen von der

Gemeinde verlassenen, nur noch durch ein paar Vereinzelte frequentierten Ort erblickt, in dem das Wort Gottes so mächtig widerhallt, weil keine Menschenmasse mehr ihn füllt, dann wird man seufzen: hoffentlich nicht nur in den Kirchen. Die Medien sind hinzugekommen.

Zeitungen waren nie spezifisch interessant für die Kirchen. Zwar geben Kirchen Blätter heraus, zwar gibt es Periodika mit kreuzchristlichem Akzent, zwar nutzt der Klerus die Presse, wie es alle anderen auch tun: um Meinungen mitzuteilen, Stimmung zu machen und Anzeigen zu schalten, aber das eigentliche Herz der christlichen Religion: die Verkündung der frohen Botschaft, läßt sich schlecht in die Zeitung setzen. Da bieten die elektronischen Medien weit mehr: Stimme und Bild. So erwuchs im Rundfunk erstmals in der Geschichte des Christentums den Kirchen eine starke mediale Konkurrenz.

Konservative Prediger haben indessen immer bezweifelt, daß der Herrgott seinen Geist auch in einem Hörfunk- oder Fernsehstudio wehen lasse. Sie haben darauf bestanden, daß die frohe Botschaft ihren geweihten Ort und die Gemeinde ihre leibliche Nähe und Geschlossenheit brauche, um von Gott herzuströmen und in Ihn wieder einzugehen. Sie fühlten und fühlen sich, was die Verkündigungsästhetik angeht, an die Zeit gebunden, in welcher die Heiligkeit des Tempels etwas Selbstverständliches war und die Demut der Bekehrten so schlicht wie tief. Bis heute gemahnt das Interieur der Kirchen und die Gewandung der Priester an jene Zeit des historischen Jesus. Wie sollte sich all das im Rundfunk, wie im Fernsehen inszenieren lassen?

Die moderneren Gottesmänner, die wußten, daß eine Religion nicht in der Tradition verschwinden darf, sondern sich in die Aktualität hinein erstrecken muß, wenn sie leben will, ließen sich durch solche Argumente nicht beeindrucken. Sie zogen in die Studios, getreu der biblischen Überzeugung, daß es keinen Ort gibt, an dem Gott nicht weilen will. Sie predigten vor Mikrophonen und für die Ohren von Millionen vor den Empfangsgeräten. Zwar ließ sich die religiöse Stimmung der auf unzählige Wohnstuben verteilten Bevölkerung nicht kontrollieren, aber der Zugriff auf eine virtuell andächtige Riesenmasse bestach als Aussicht.

Kann man Spiritualität senden?

Die Kirchen haben von den Medien (es sind jetzt und hinfort die elektronischen Massenmedien gemeint) nie abgelassen, ihnen aber auch nie voll vertraut. Es kam zu einem Kompromiß zwischen den konservativen Medien-Verächtern und den modernen Medienausnutzern unter den Kirchenleuten. Stamm-"Medium" der christlichen Religion bleiben der Mund des Priesters oder Pastors im Gotteshause, Kameras und Mikrophone aber wurden eingeladen, das religiöse Ereignis an seinem eigentlichen Ort aufzuzeichnen und dann zu senden. Studio-Kirchen haben sich, mit Ausnahme des Falls amerikanischer Sekten- und Erweckungspriester, noch nicht als Alternative durchsetzen können.

So blieb die Übertragung eines kirchlichen Gottesdienstes die typische religiöse Sendung. Es trat die den neuen Medien technisch entsprechende Botschaft hinzu: das Feature zum religiösen Thema, die Reportage über zeittypische Probleme aus der Perspektive der Kirchen. Zur selben Zeit wurden die Gotteshäuser technisch nachgerüstet: Ungeachtet ihrer meist vorzüglichen Akustik wurden ihnen Lautsprecher verpaßt und Mikros eingepflanzt; die Kunstschätze wurden in Light-Shows getaucht und die Kirchentore zum Schutz der teuren Anlagen auch tagsüber immer häufiger verriegelt. Die Kirchen nutzen die elektronischen Medien, die Medien dulden die Kirchen samt ihrem Einfluß und ihren garantierten Sendeplätzen - das ist die Situation.

Ob Radio oder Fernsehen imstande sind, die Spiritualität der Religion auszustrahlen und also deren eigentliche Kraft zu transportieren oder gar zu stärken, ist damit nicht entschieden. Es gibt Gründe für die Annahme, daß die konservativen Medienkritiker recht behalten haben und daß der religiöse Ritus außerhalb des Kirchenraumes und der persönlichen Vermittlung entweiht dahinstirbt. Wer sich dazu aufrafft, das Programm der Kirchen im Fernsehen über einen gewissen Zeitraum getreulich zu verfolgen, gewinnt unweigerlich diesen Eindruck. Was an aktuellem Problem-TV aus den Kirchenredaktionen kommt, ist nahezu vollständig durchweltlicht und als spezifisch christlicher Beitrag kaum noch erkennbar. Wenn es gut ist, stimmt und trifft, kann es auch ohne den christlichen Stempel überzeugen. Was aber das christliche Anliegen gleichsam vor sich herträgt, wirkt aufgesetzt bis deplaziert und tut damit dem Anliegen und seiner Institution, seinem Personal, keinen Gefallen.

Kirche und Radio/Fernsehen passen in der Tat nicht zusammen. Die Gründe sind nicht schwer zu erhellen. Religion verlangt ein Hier, Jetzt und Immerdar in der Revokation des Mysteriums, der Gottesgegenwart. Sie lebt unmittelbar, oder sie geht zugrunde. Die modernen Medien aber entfernen, mediatisieren ihren Gegenstand: Sie brechen ihn, schaffen Distanz zu ihm, halten ihn vom Leib. Es ist immer das Geschehen im Studio (Ausstattung, Ansager), welches sich als Näherliegendes vordrängt, die Sender haben genug damit zu tun, die Nachricht aus dem Allzu-Vermittelten nach vorn zu drücken. Doch auch das Studio-Geschehen ist gebrochen, vermittelt, weit weg. Das Medium ist die Botschaft, aber die mediale Botschaft berührt uns nur indirekt, nur im Umweg über die Frequenz. Dieser Umweg ist lang und gewunden - zu lang für die Eucharistie.

Medium ohne Communio

Die Distanz, die Rundfunk und Fernsehen zwischen die Dinge und den Empfänger legen, ist keineswegs nur nachteilig für das Fernsehvolk, das vorm Kasten Information und Unterhaltung sucht; sie ist keineswegs nur nachteilig für die Inhalte, die übermittelt werden sollen. Für die spezifisch religiöse Erbauung aber ist sie tödlich. Die verträgt keine Brechung und Entfernung. Sie verlangt das lebendige Ereignis und den Weihrauchduft als dessen Ausweis. Sie verlangt den Augenblick der Offenbarung hier und jetzt, vor der leiblich konstituierten Gemeinde.

Auch Fernsehnutzer werden ja gern eine Gemeinde genannt. Die aber sind sie nur in effigie. Die leibliche, unmittelbare Gemeinsamkeit wird gerade nicht hergestellt, das große Publikum, das, manchmal sogar millionenstark, zur nämlichen Zeit vor den Fernsehgeräten sitzt, sieht sich nicht und ist darüber froh. Fernsehen wird als intime Privatangelegenheit geschätzt, und der einzelne Zuschauer ist bezüglich des großen Publikums, das er mit allen anderen bildet, incognito. Er kann unbemerkt an- und ausschalten, wie es ihm beliebt und während des Schauens noch nebenbei tun, was ihm Spaß macht. Zu Beginn des Fernsehzeitalters war es wenigstens noch die Familie, die "zusammenkam" und irgendwie interagierte, während der Kasten lief. Es gab Streit um das Programm, aber auch gemeinsames Lachen und Gruseln. Inzwischen tendiert sogar diese Kleinst-"Gemeinde" zur Auflösung. Die Verbilligung der Geräte und die Vervielfachung der Programme stützen die Tendenz: pro Kopf ein Bildschirm. Die isolierte Privatheit, die Fernsehen voraussetzt und schafft, wird zunehmend reiner sie selbst. Und es schwinden die Anlässe, zu denen Fernsehnutzer von sich aus lieber zu mehreren eine Sendung verfolgen. Der Sport, vor allem der Fußball, gehört noch dazu, auch die Übertragung von Popkonzerten oder Wahlkämpfen in der Endrunde. Bei solchen Ereignissen vermittelt die Glotze in der Tat "Gemeinden", die (auch) feiern. Bei Gottesdienstübertragungen und anderen für christliche Feste als passend erachteten Programmen scheint sie dazu kaum in der Lage zu sein. Was aber gibt das vom Kirchenfunk gestaltete, insbesondere zu den christlichen Festen forcierte Programm dem einsamen Zuschauer, der ja doch mit seinem Gerät allein kaum Feierlichkeit zustande bringen dürfte?

Der Gottesdienst anläßlich eines Festes, erst recht der Gottesdienst als *Fest* lebt vom leiblichen Zusammensein der Gemeinde, von der Stimmung im Gotteshause, vom durch die farbigen Fenster hereinströmenden glühenden Licht, von der Orgelmusik, vom Gesang, von der Autorität des persönlich anwesenden Pfarrers. Die elektronische Übermittlung kann etliche dieser Eindrücke in die Wohnstuben hineinfunken, sie kann obendrein, mittels der analytischen Kräfte der Kamera, Fein- und Einzelheiten für die Aufmerksamkeit retten, die in der realen Situation untergingen. So ist eine Kamera, die das Schnitzwerk einer Kanzel, die Blumenarrangements auf dem Altar, die Statue eines Heiligen im Seitenschiff und den Gesichtsausdruck des Organisten vergrößernd festhält, dem "unbewaffneten" Auge überlegen. Aber die Blickführung ist niemals die des Zuschauers, er muß mit der Kamera mitgehen und hat keine Chance innezuhalten, wo ihn ein Detail besonders fasziniert.

Diese und andere Nachteile überwiegen die Vorteile der Kamerabeobachtung. So läßt sich nun mal das heimische Sofa nicht für die Kirchenbank nehmen, und selbst wenn der fernsehende Christ in den Choral einstimmt, muß ihm doch das stolze Empfinden fehlen, zum entstehenden Chorklang selbst kraftvoll beizutragen. Er mag sich mit Bewußtsein und Sinnen ganz in das Geschehen auf dem Bildschirm hineinziehen lassen, und doch kann es ihm nicht gelingen, den Weihrauch zu riechen und das Abendmahl zu schmecken, Sinnesreize also zu empfangen, die leibliche Anwesenheit erfordern und die das Gefühl der Festlichkeit, der Weihe, der erfüllten Stunde stimulieren. Der Christ vor dem Gerät mag jedes Wort des Evangeliums und des Pfarrers in seinem Herzen bewegen - es ist ihm aber nicht möglich, dem Hirten beim Verlassen der Kirche die Hand zu geben, und er kann niemals in eigener Blickregie den Kircheninnenraum und die Gemeinde auf sich wirken lassen.

Wenn Jesus heute lebte, heißt es, würde er sich selbstverständlich des Fernsehens bedienen. Die erwähnte moderne Fraktion des Klerus hält an diesem Satz und an der Vorstellung unbegrenzter Wandlungsfähigkeit ihres Heilands fest. Für sie gibt es kein Medium, in dem nicht die Stimme Gottes widerhallen könnte. Und das Fernsehen ist nun mal *das* Massenmedium unserer Zeit; es erreicht weit mehr potentielle Interessenten als alle anderen Übermittler von Botschaften. Aber was hilft das alles, wenn es die Botschaft "bricht", auch die frohe, und sie damit schließlich profanisiert wie jeden anderen x-beliebigen Programminhalt? Was Gottesdienste betrifft, so enthält die Television das Wichtigste vor: das Zur-Gemeinde-Verschmelzen im Gebet, im Gesang und im Zuhören. Sie schafft eine Distanz, die der sonntäglichen Übung der Christen schwerlich angemessen ist. Auf der anderen Seite ermöglicht sie den Kirchenflüchtigen, doch noch ein wenig dabei zu sein - im Sinne eines "besser als gar nichts". Und zumindest der Wortlaut der Predigt läßt sich vor dem Gerät genauso gut, wenn nicht akkurater vernehmen. Aber die Spiritualität der gemeinsamen Andacht ist an die leibliche Gemeinsamkeit, an die Macht des Kirchenraums gebunden, sie ist im Wohnzimmer nicht heraufrufbar.

Medium der Profanität

Ob sich Jesus wirklich, lebte er heute, des Fernsehens und des Hörfunks bediente, ist gar nicht ausgemacht. Scheint es doch so, als wolle unser jüngstes Massenmedium, das ja in seinen technischen und ästhetischen Bedingungen ein legitimes Kind unseres Jahrhunderts ist, zu den viel älteren religiösen Traditionen nicht passen, ja, als stieße es diese gleichsam ab. Fernsehen und Kirche gehen genauso schlecht zusammen wie Kirche und 20. Jahrhundert.

Wie immer katastrophenträchtig und mörderisch dieses Jahrhundert war, wie sehr es aus der Sicht der Christen der Vergebung und der Gnade bedarf, es hat auch etwas zur Blüte gebracht, was inzwischen weithin als Errungenschaft angesehen wird: die moderne skeptische Rationalität mit ihrem Relativismus und ihrem common sense, ihrem Pragmatismus und ihrem Festhalten an Versuch, Irrtum und Abkehr von den aus vergangenen Jahrhunderten und intellektuellen Traditionen hinreichenden Versuchungen, die absolute Wahrheit und den Universalschlüssel zur Erklärung der Welt zu finden. Hier wurde das Jahrhundert aus Schaden klug. Hier lernte es aus den Schrecken der Ideologien - *und* aus dem Niedergang der Religionen. Die Rationalität des 20. Jahrhunderts ist individualistisch und pluralistisch, im glücklichen Fall mehr als das: tolerant und selbstkritisch. Sie verträgt sich nicht mit dem religiösen Weltbild, das, da auf dem Glauben ruhend, immer fundamentalistisch bleibt, auch wenn es sich mit dem Agnostizismus abfindet. Sie verträgt sich aber mit dem *Fernsehen.*

Der flimmernde Botschafter aus aller Herren Länder und aus allen Winkeln der Gesellschaft, zu Anfang als Altar mißverstanden, inzwischen auf seine profane Brauchbarkeit als Lieferant von Informationen und Zerstreuung zurückgeführt und als solcher nicht mehr so stark überschätzt, ist ein unpathetisches, trockenes, plakatives, nicht nur un, sondern auch antispirituelles Medium. Die amerikanischen Sektenpriester, die sich angeblich ganz auf das Fernsehen stützen, sind fast immer mitreißende Redner, die zuerst ihr leibhaftiges Publikum (in Kirchen und Versammlungshallen) bezaubern, bevor sie diese Bezauberung im Fernsehen wiederholen und stabilisieren - so gut es dort, im Fernsehen, geht.

Jesus hätte im Fernsehen niemals die Chance, die er einst als Wanderprediger und Wunderheiler unter freiem Himmel hatte. Käme er zurück - er müßte sich wieder auf die Markt- und Parkplätze, vor die Rat- und in die Kaufhäuser stellen, um seine Botschaft zu verkündigen, er bräuchte die leibhaftige Gemeinde, die um ihn wäre und dieselbe Luft mit ihm atmete. Außerhalb dieser communio gibt es kein Mysterium - weder das der Epiphanie noch das des Glaubens. So gewaltig unsere Welt auch durch die Technik (weiterhin) umgestaltet werden wird, sie wird den Unterschied zwischen ummittelbarer Realität und Abbild nie verlernen und immer wissen, daß beide verschiedenen Zwecken dienen. Das Wunder des Glaubens, die Erscheinung Gottes oder des Heiligen Geistes, sie gehören unter das Himmelszelt oder in den Dom. Sie werden auf dem Bildschirm stets klein und vordergründig wirken und den Skeptiker bestärken - den Gläubigen ebenfalls, aber nur deshalb und nur dann, weil und wenn er die Botschaft mindestens einmal außerhalb des Fernsehens, auf der Straße oder in der Kirche empfing.

Das Wort "Millionenpublikum", das immer sofort fällt, wenn vom Fernsehen die Rede ist, dieses Wort beziehungsweise diejenigen, die mit ihm auftrumpfen, vergessen, daß die Zahl nicht alles ist, daß die Qualität eines Publikums schwerer wiegt. Millionen oberflächlich interessierte Glotzer, die nebenbei telefonieren, Staub wischen oder Kekse essen, wiegen eine hundertköpfige Kirchen-Restgemeinde, die aus voller Kehle und Seele singt, nicht auf. Religionsstifter und -diener müssen die Herzen ihrer Zeitgenossen erreichen, nicht nur die Ohren. Beim Fernsehen ist nicht einmal das letztere garantiert. Jesus würde heute vielleicht das Fernsehen "mitnehmen", aber wissen, daß es nicht sein eigentliches Medium ist.

Man kann aus diesem Satz auch folgern, daß das Jahrhundert des Fernsehens keines der Religionsstifter mehr ist, und daß Jesus nicht wiederkommt. Die Karriere des Religiösen in den Medien spricht für diese Folgerung. Gottesdienste und andere kirchliche Sendungen sind Inszenierungen der Erinnerung, der Tradition - mal steif, mal lebhaft, mal tot, mal fähig, einen Anschluß an heute offene Fragen zu finden. Aber dann handelt es sich immer um Fragen, die auch außerhalb der Kirche gestellt und (womöglich) sinnvoll bearbeitet werden. Das Fernsehen gewährt der Kirche und ihren Riten nicht mehr als ein Gastrecht auf Selbstdarstellung, aber es bricht und verfremdet diese Selbstdarstellung, weil es das Entscheidende, die Weihe, nicht mitsendet, nicht mitsenden kann.

Damit spricht das Fernsehen eine Erkenntnis über das Zeitalter aus, in dem es als Medium dominiert: Dieses Zeitalter ist in seinem Kommunikationsstil irreversibel weltlich und rationalistisch geworden. Gewiß gibt es mehrere und verschiedene Kommunikationsstile, der des Fernsehens herrscht nur vor. Auch ist er in sich nicht einheitlich, aber immer profan. Mit seiner Kraft der Profanisierung schlägt und "entkernt" er auch das Religiöse.

Stephan Abarbanell

Sperrgut

Zur schwierigen Rolle der Religion im Fernsehen

Als die drei großen Kränkungen der abendländischen Christenheit bezeichnete Sigmund Freud die einstmals so kühnen Behauptungen, daß die Sonne nicht um die Erde, sondern die Erde um die Sonne kreist, daß die Menschen nicht von Gott, sondern weit eher vom Affen abstammen und schließlich die von ihm selbst ins Spiel gebrachte Überlegung, daß sich hinter dem menschlichen Bewußtsein ein mächtiges Unbewußtes befindet, das unser Denken, Fühlen und Handeln maßgeblich mitbestimmt.

Die Einführung des Fernsehens in Deutschland Anfang der Fünfziger Jahre läßt sich nicht ohne weiteres mit dem Verlust des geozentrischen Weltbildes, der Einführung der Evolutionstheorie oder dem Aufkommen der Psychoanalyse vergleichen. Aber etwas von der Kraft der Kränkungen vergangener Tage muß doch am Werk gewesen sein, als sich der Kirchenführer Hanns Lilje im Jahr 1951 zu folgendem Stoßseufzer veranlaßt sah:

"Ich betrachte die Einführung des Fernsehens als einen schweren Schicksalsschlag. Aber ich bin der Meinung, daß wir Christenmenschen danach trachten müssen, mit solchen Schlägen fertig zu werden."[1]

Es klingt, als hätte der Kirchenmann Lilje damals in dem neuen Bildmedium nicht viel anderes entdecken können als eine wahrscheinlich erfolgreiche, jedenfalls aber verführerische und letztlich doch nur heruntergekommene Form des Buchdrucks. Tatsächlich aber steht hinter diesem Satz (Lilje hat später über das Fernsehen weit positiver und differenzierter gesprochen) mehr als nur bildungsbürgerliches Ressentiment gegen den vermeintlich großen Zerstörer personaler Kommunikation. Er zeigt vielmehr, daß mit Beginn des Fernsehens in Deutschland eine komplizierte Beziehungsgeschichte von Religion, Kirche und Fernsehen beginnt, die sich heute ohne Frage in einer kritischen Übergangsphase befindet.

Dabei war den Kirchen von Anfang an klar, daß mit dem Fernsehen nicht irgendein weiteres Massenmedium Einzug hielt, das ihr ohnehin seit der Aufklärung im Schwinden begriffenes Informations- und Weltinterpretationsmonopol weiter schwächen würde, sondern daß mit der Television aufgrund ihres zu erwartenden Erfolgs ein letzter großer Konkurrent die Bühne betrat.

Zugleich aber war den kirchlichen Verantwortungsträgern schnell deutlich, daß mit dem Fernsehen ein neues Instrument zur Verfügung stand, das eben auch Instrument zur Verbreitung der christlichen Botschaft sein konnte.

In dieser Spannung zwischen einer kirchlich verantworteten Kulturkritik und Medienkritik einerseits und einer strukturierten und reflektierten kirchlichen Mitwirkung im Programm andererseits hat sich in den letzten 40 Jahren ein kirchliches Medienengagement entwickelt, das es darzustellen und zu analysieren lohnt. Denn es markiert ein Stück Kirchengeschichte und ein Stück Mediengeschichte. Es beschreibt zugleich ein Stück Weggeschichte der Kirche in der für sie oft schwierigen Moderne.

Und diese Geschichte findet schließlich ihre vorläufige Pointe darin, daß es heute nahezu ausschließlich die Kirchen sind, die als letzte öffentliche Fürsprecher gerade das Fernsehen retten wollen, das sie damals mit so viel Argwohn auf sich zukommen sahen: das - inzwischen ernsthaft gefährdete - öffentlich-rechtliche Fernsehen.

Kirche im Fernsehen

"Was die Kirche nicht verhindern kann, das segnet sie."[2]

Bereits Kurt Tucholsky polemisierte gegen eine der typischen Reaktionen der Institution Kirche, die sich durch das Vordringen geschichtlicher Neuerungen gekränkt fühlt. Eine Reaktion, die aus einer eigenwilligen Mischung aus kulturpessimistisch getarnten Verlustängsten einerseits und einem gegenläufigen Pragmatismus - trotz alledem - andererseits besteht. Die Kirche hat dem Fernsehen ihren Segen schnell erteilt: 1952 wurde der erste Gottesdienst aus Hamburg-Ochsenzoll übertragen, 1953 vom Kirchentag in Hamburg berichtet, und seit 1954 gibt es das "Wort zum Sonntag", heute eine der ältesten Sendungen der ARD.

Ein ähnlicher Prozeß läßt sich noch einmal für die Zeit ab Mitte der achtziger Jahre beschreiben. Hier war es das Aufkommen des privatrechtlichen Rundfunks, also die Einführung des dualen Rundfunksystems, das erneut kirchliche Medienkritik und kirchlichen Pragmatismus in einen Gegensatz brachte - mit dem Sieg des letzteren. Auch im privaten Fernsehen gibt es heute (wie auch im privaten Hörfunk) eine Vielzahl kirchlich gestalteter und verantworteter Sendungen.

Vierzig Jahre Fernsehkirchengeschichte liefern allerdings auch genügend Anschauungsmaterial für die Feststellung, daß die Kirche und ihre Botschaft bis heute nicht so recht ins Bild passen. Aber eben auch: daß sie nicht hineinpassen wollen und nicht hineinpassen können. Und das hat Gründe.

Zum einen ist die Kirche, blickt man einmal etwas pauschal auf ihre kollektive psychische Verfaßtheit, immer wieder hin- und hergerissen zwischen zwei Polen: Einerseits sagt ihr die Tradition, daß sie lediglich die Verkünderin der Botschaft des Glaubens sei, Übermittlerin, Medium, und daß sie dabei getrost von der Selbstwirksamkeit ihrer Botschaft auch im Fernsehen ausgehen könne.

Und andererseits ahnt sie dunkel, ohne es recht greifen zu können, daß sie es bei ihrer Fernsehverkündigung beständig mit den Ansprüchen eines amorphen Wesens zu tun hat, das sich den Kategorien theologisch begründeter Anthropologie und überkommener Gemeindetheologie immer wieder entzieht und sich ganz selbstbewußt - und zudem überaus wählerisch, launisch und sensibel - Publikum nennt.

Doch damit nicht genug. Denn das, was in der Evangelischen Kirche als der eigentliche Träger der christlichen Botschaft gilt, das mit nahezu sakramentaler Wirkkraft ausgestattete gesprochene Wort, wird im Fernsehen dem Bild hinzugefügt, wird im Rahmen eines komplizierten, professionell gesteuerten Produktionsprozesses auf braunes Band gewickelt und geschnitten, bis es - gleichsam in homöopathischer Dosierung - oftmals lediglich noch die Funktion hat, die ohnehin bunten Bilder noch ein wenig kräftiger leuchten zu lassen.

Bedenkt man dies, so scheint die Kirche von ihrem Wesen her nicht recht für das geschaffen, was sie seit vierzig Jahren betreibt: Programm fürs Fernsehen zu machen. Und dennoch: sie nimmt das ihr (wie auch der jüdischen Kultusgemeinde und anderen öffentlich-rechtlichen Religionsgemeinschaften) gesetzlich zugebilligte Drittsenderecht in Anspruch, das ihr für religiöse Feiern, Gottesdienste und ähnliches kostenlos Sendezeit bei allen Sendern einräumt. Sie sucht dafür Prediger und Musikanten, Autoren und Sprecher, Schauspieler und Kinderchöre, Kandidaten und Gesprächspartner. Zudem hat sie über die Jahre eine komplexe Infrastruktur entwickelt, die vor allem auf dem für diese Arbeit eigens berufenen und freigestellten landeskirchlichen und gesamtkirchlichen Fernsehbeauftragten ruht.

Keine gesellschaftliche Großgruppe hat im Fernsehen eine ähnlich privilegierte Stellung wie die Kirche; keine nimmt das Fernsehen aber auch mit seinen Leistungen und Defiziten so ernst, wie dies die Kirche tut, die neben ihrer Mitwirkung im Programm und in den Aufsichtsgremien für den Rundfunk eine Vielzahl medien- und programmkritischer Publikationen unterhält, Medientagungen und Fachkongresse veranstaltet und sich fortlaufend am kritischen Diskurs über das Fernsehen, seine Strukturen und Programme beteiligt.

Kirche im Programm ist dabei weit mehr als das "Wort zum Sonntag". Die Vielfalt der Formen umfaßt Studiogespräche, filmische Meditationen, Gottesdienstübertragungen, Bildmeditationen, Musiksendungen, an dem Dokumentarfilmer Eberhard Fechner orientierte Montagen und inzwischen auch eine Bibel-Game-Show.

Damit hat sich die Kirche - und das gilt mittlerweile längst auch für das "Wort zum Sonntag" - vom sicheren Ufer der Kanzelverkündigung gelöst und sich in die Fluten des Fernsehens mit seiner Vielfalt an Formen vorgewagt. Nur ist sie am anderen Ufer einer tatsächlich plausiblen und tragfähigen kirchlichen Fernsehhomiletik und vor allem Fernsehdramaturgie noch immer nicht angekommen. Und es steht, so möchte man manchmal meinen, zu befürchten, daß sie es wegen des ständig sich ausdifferenzierenden Anforderungsprofils im öffentlich-rechtlichen und privat-rechtlichen Fernsehen nimmer erreicht, hinweggezogen in den Strudeln immer neuer, in immer dichterer Folge auftauchender konkurrenzbedingter Programmstrukturreformen.

Doch mit dem notwendigen, aber eben bei weitem noch nicht abgeschlossenen Prozeß der Lösung vom Paradigma der Kanzelrede, dem noch immer das Bild des Fernsehpublikums als Gemeinde entspricht, die andächtig-versunken lauscht und bei der Übertragung von Gottesdiensten am liebsten vom Sofa aus freudig in die Choräle einstimmt, hat sich das, was man die Identitätskrise der Kirche nennen könnte, nur noch einmal verschärft. Denn mit der fortschreitenden Entwicklung und Ausdifferenzierung von Fernsehen und Gesellschaft stellt sich die Frage nach der Rolle der Institution Kirche in der Moderne und nach ihrem Verhältnis zum Leitmedium der Moderne, dem Fernsehen, noch einmal neu und radikaler als zuvor.

Das Prinzip Stellvertretung

Dabei hatte die Evangelische Kirche bis in die sechziger Jahre kein verbindliches Konzept. Ihre Mitwirkung im Fernsehen, die ihr nach 1945 auch deshalb so schnell zugestanden wurde, weil sie nach Meinung der Alliierten für den demokratischen Aufbau in Deutschland benötigt wurde, galt ihr zunächst nur als Teil ihres lediglich auf die Medien ausgedehnten Verkündigungsauftrags.

Sicherlich, die Kirche wurde fälschlicherweise als von der Naziideologie im wesentlichen unbelastet betrachtet. Aber sie war auch für diese Einladung in den Hörfunk, später dann ins Fernsehen, schlecht vorbereitet. Und damit begann sogleich ein Prozeß der reflektierten Selbstprofessionalisierung.

Dies zeigte sich in der zweiten Hälfte der Sechziger Jahre und noch einmal mehr in den Siebzigern. Die Gesellschaft machte eine Veränderung und Öffnung durch, und auch die Kirchen begannen öffentlich und vor dem Hintergrund wachsender Kirchenaustritte ihre Rolle in der Gesellschaft zu thematisieren. Siegfried von Kortzfleisch war der erste, der bereits 1960 die publizistische Frage und das publizistische Engagement der Kirche in einem größeren gesellschaftlichen Kontext diskutierte.[3] 1968 formulierte Hans-Eckart Bahr sein Konzept, das er mit der damals provozierenden These "Verkündigung als Information" überschrieb.[4] Die Medien, so Bahr, seien Träger der öffentlichen Meinungsbildung und insofern hätte sich die Kirche lediglich so in diesen Prozeß einzubringen, daß sie das Evangelium als Information im Kontext anderer Weltdeutungen zur Diskussion stellt.

Robert Geisendörfer schließlich, Fernsehbeauftragter des Rates der EKD und Gründer des Gemeinschaftswerks der Evangelischen Publizistik, formulierte daraufhin in den Siebzigern den Anspruch vom kirchlichen "Engagement ohne Eigennutz". Die Arbeit der Kirche in den Medien hätte der "Stellvertretung" zu dienen. Diese Überlegungen fanden auch Eingang in den bis heute gültigen Publizistischen Gesamtplan der EKD von 1979: "Getreu ihrem Selbstverständnis muß die Evangelische Kirche für Minderheiten und Benachteiligte einstehen und dafür sorgen, daß planvoll unterdrückte oder absichtsvoll vernachlässigte Informationen und Meinungen im Interesse der Gerechtigkeit und Wahrheit veröffentlicht werden."[5] Der Publizistische Gesamtplan fixierte das von vielen Theologen geforderte anwaltschaftliche Prinzip: Kirche als Stellvertreterin der Stummen und Schwachen, auch in den Medien.

Das Besondere der medientheoretischen und theologischen Überlegungen dieser Zeit war, daß sie kirchliche Kommunikation nicht mehr unabhängig von der gesellschaftlichen Kommunikation sehen wollten und konnten und folgerichtig auch die Eigenständigkeit und Eigengesetzlichkeit medialer Kommunikation immer wieder reklamierten. Das Problem dieser Entwürfe blieb allerdings, daß sie zunächst nur in akademischen Kreisen Aufnahme fanden und nur ganz allmählich auch die kirchliche Praxis zu beeinflussen begannen. Und dennoch immer noch nicht die erreichten, die in den Synoden und Kirchenleitungen letztlich über den Umfang und das "Wie" kirchlichen Engagements im Fernsehen zu entscheiden hatten. Denn diese kirchlichen Verantwortungsträger ließen sich weit eher von pragmatischen und an Institutioneninteressen orientierten Gesichtspunkten leiten, in denen freilich immer unaufgearbeitetes theologisches Erbe nachwirkte.

Bei allen Entscheidungen stand die große Frage im Hintergrund, wie sich die Kirche in einer immer weltlicher werdenden Welt zu verhalten habe. Hier aber bot und bietet das Medienengagement einen kaum überbietbaren Testfall. Denn nichts war und ist weltlicher als das Fernsehen, das informieren, bilden, unterhalten soll und dies im Kontext einer plural zusammengesetzten, demokratisch organisierten Massengesellschaft.

Um diesen theologisch unterfütterten Pragmatismus der Kirchenleitungen verstehen zu können, der gleichermaßen in den Synoden und Ortsgemeinden anzutreffen ist, ist ein kleiner Exkurs notwendig, der die kirchlichen und theologischen Erklärungs- beziehungsweise Legitimationsmuster beschreibt, mit denen versucht wird, das Phänomen Kirche in einer verweltlichten Welt zu deuten. Denn sie sind, wenn auch mehr unbewußt als bewußt, für den kirchlichen Umgang mit dem Fernsehen bis auf den heutigen Tag prägend geblieben.

Kirche und Säkularisation

In Kirche und Theologie gibt es grundsätzlich zwei Erklärungsmuster, mit denen versucht wird, sich den Phänomenen der Moderne und dem Problem der Säkularisation zu stellen. Etwas verkürzt ließe sich von einer Abfalls- und einer Ursprungsthese sprechen.

Die Abfallsthese besagt, daß die Säkularisation ein sündhaftes Abweichen vom Glauben bedeutet. Für diese "Sünde" gibt es wiederum zwei Erklärungen: Die eine sagt, daß das Christentum durch sein eigenes Versagen dieser Entwicklung Vorschub geleistet habe, ja selbst die Schuld daran trage. Die andere besagt, daß es sich hierbei um eine Rebellion gegen das an sich intakte Christentum handele.

Die Ursprungsthese hingegen sieht die Sache positiv. Sie behauptet, daß in der Moderne die im christlichen Glauben begründete Freiheit zur Geltung komme. Die Entgötterung des Himmels durch die jüdischen heiligen Schriften und die Annahme des Menschen durch den menschgewordenen Gott in den Evangelien, wie später dann die Ausbildung des Individuums und seines Gewissens durch die Reformation, haben demnach die Säkularisation - verstanden als Schritt in die Freiheit - möglich gemacht.

Doch beide Thesen eint eine Schwäche. Beide können den mit Säkularisation bezeichneten Prozeß nur vom Christentum her denken. Damit aber wird ein komplizierter historischer Prozeß simplifiziert und gleichsam, in seiner positiven wie negativen Variante, verchristlicht.

Für die Einstellung zum Fernsehen aber bedeutet dies, daß es als Teil der Moderne eigentlich nur funktionalistisch oder instrumentell gesehen und akzeptiert wird. Mit anderen Worten: Die beschriebene Inanspruchnahme des Fernsehens durch die Kirche ist die Kehrseite einer von der normativen Kraft des Faktischen überbotenen Skepsis gegenüber dem Fernsehen. Das aber heißt, daß die Kirche das Fernsehen entweder für ihre Zwecke kompensatorisch nutzt, so als habe das säkulare Medium eine Entschädigung dafür zu zahlen, was die Säkularisation der Kirche angetan hat. Oder es bedeutet, daß sie meint, ihm kompensierend zu nützen, indem sie das zerstreuende und verdummende Unterhaltungsmedium immer einmal wieder zur Besinnung bringt, indem sie selbst, ernst und besorgt, ins Programm tritt.

Die hier beschriebenen Konstellationen haben ganz offenbar noch immer ihre Wirkkraft. Dies haben in neuester Zeit die Verhandlungen im

Rahmen der EKD-Synode 1992 in Suhl gezeigt. Eine Synode, die ganz ausdrücklich dem Thema "Medien und Kirche" gewidmet war. Zu Recht diagnostizierte Hans Hafenbrack nach Abschluß der Debatte, die weitestgehend von einer ins Pauschale gehenden Medienschelte bestimmt war, eine "Kirche im Schmollwinkel." Hafenbrack weiter: "Hier der warme Kirchenraum, dort die kalte Medienwelt."[6] Dabei spielte hier wie früher schon die eigentlich bedrängende Frage, ob und wenn ja wie transzendente Erfahrung, Religion und religiöses Handeln im Fernsehen darstellbar und vermittelbar sind, gar keine Rolle.

Tatsächlich hat dieses Thema in der kirchlichen Diskussion, auch in der universitären Theologie nie den ihm zukommenden Stellenwert gefunden. Es war Barbara Sichtermann, die 1991 in einer vom Gemeinschaftswerk der Evangelischen Publizistik in Auftrag gegebenen Untersuchung zum kirchlichen Feiertagsprogramm gerade diese Frage ganz unerwartet wieder ins Spiel brachte. Das Fernsehen, so Sichtermann, "'bricht' die Botschaft, auch die frohe, auf seine ganz besondere Weise. Was Gottesdienste betrifft, so enthält es das Wichtigste vor: das Zur-Gemeinde-Verschmelzen im Gebet, im Gesang und im Zuhören." Sie schreibt weiter: "Jesus hätte allein im Fernsehen niemals die Chance, die er einst als Wanderprediger und Wunderheiler unter freiem Himmel hatte. Käme er zurück, er müßte sich wieder auf die Markt- und Parkplätze, vor die Rat- oder in die Kaufhäuser stellen, um seine Botschaft zu verkünden, er bräuchte die leibhaftige Gemeinde, die um ihn wäre und dieselbe Luft mit ihm atmete." Und dann der entscheidende Satz: "Außerhalb dieser communio gibt es kein Mysterium." Und also auch nicht im Fernsehen, wie sich anfügen ließe. Denn dieses profanisiert alles und muß alles profanisieren. Was es leisten kann, ist lediglich die Darstellung von Religion, mit der sich aber, wie Sichtermann an andere Stelle sagt, "nicht feiern läßt".[7]

Es ist bemerkenswert, daß es eine säkulare Fernsehkritikerin ist, die die Religion, das religiöse Erleben, Empfinden und Feiern ganz ausdrücklich vor dem Fernsehen wieder in Schutz nehmen will.[8]

Determinierte Bilder

Tatsächlich aber haben weder die Theorien und Konzepte der sechziger und siebziger Jahre (wie die von Barbara Sichtermann) im Schatten des beschriebenen kirchlichen Pragmatismus, der allenfalls legitimatorisch reflektiert wurde, wirklich grünen können.

Dafür kann als Beleg letztlich immer wieder das kirchliche Programm gelten - das von den Kirchen verantwortete wie auch das von den Fachredaktionen für Religion und Kirche. Das Programm ist Indikator für das Verhältnis von Kirche und Fernsehen, Kirche und Öffentlichkeit, Kirche und Welt. Und tatsächlich läßt sich an ihm zeigen, daß die Symptome einer verunsicherten Theologie und Kirche, deren Sprache das Bild und deren Schreibwerkzeug eine hochprofessionalisierte technische Apparatur geworden ist, die sie nicht selber steuert, nur zu deutlich sind.

Im folgenden zitiere ich ausführlich Passagen aus einer 1989 von Karsten Visarius für das Gemeinschaftswerk der Evangelischen Publizistik erstellten Studie:[9]

Ein grundsätzliches Problem kirchlich-religiöser Sendungen im Fernsehen, möglicherweise so allgemein, daß sie sich gerade durch seine Unvermeidlichkeit definieren lassen, ist durch die Begriffe "Anspruch" und "Wirklichkeit" bezeichnet. Damit ist etwas Spezifischeres gemeint als das Verhältnis von Absicht und Resultat, Wollen und Können. Kirchensendungen nehmen sich nämlich selbst in die Pflicht, indem sie neben ihrer Darstellungs- und Informationsfunktion ihre appellative Funktion privilegieren. Sie sind eben deshalb immer "anspruchsvoll": nicht nur gegenüber dem Zuschauer, sondern vor allem durch das Gewicht, das sie einer moralisch gebundenen Sicht der Dinge beilegen. Man könnte auch sagen: Sie fallen auf durch ein massiv spürbares Über-Ich, jener Instanz, in der die Freudsche Psychoanalyse das Gewissen verankert sieht. In dieser moralischen Rückbindung wirkt theologisches Erbe nach. In ihr hat sich aber auch Theologie maskiert, die sich als Theologie im Fernsehen nicht mehr zur Debatte stellen will. Diese Camouflage ist indessen nur die eine Seite des Problems. Die moralischen oder verdeckt theologischen Prämissen, die die kirchlichen Fernsehsendungen tiefer prägen, als es den an ihr Beteiligten vermutlich selbst bewußt ist, führen nämlich zu Einstellungen - im filmisch-psychologischen Doppelsinn des Wortes -, die ständig eine vorbeurteilte, vor-bildliche, bei Gelegenheit auch "feindbildliche" Wirklichkeit vor Augen stellen. (Um es an Beispielen zu veranschaulichen: "Schlecht" sind Autos und Autobahnen, Hochhausfassaden, Industrieanlagen, Werbeplakate, Muskelprotze oder Titelblattschönheiten; "gut" sind Pflanzen, Natur überhaupt, Gesichter mit ihrer Würde "an sich", Kinder, gemeinsamer Tanz - es gibt einen ganzen Kanon von Bildern dieser Art.) ...

Die vorausgesetzten moralischen Prämissen, aus denen eine bestimmte Ästhetik entsteht, beschränken, ja verstellen sogar den Blick auf das Wirkliche. Es ist von vornherein zum guten oder schlechten Beispiel herabgesetzt. Darin kommt eine Selbstgewißheit zum Ausdruck, die sich gar nicht mehr ausweisen zu müssen glaubt. Das Kommunikationssystem Fernsehen absorbiert freilich diese Positionen und bringt sie um ihre appellative Wirkung, weil das Programm eine Vielfalt sich gegenseitig relativierender "Einstellungen" anbietet. An seiner entropischen Funktionsweise gemessen - Jean Baudrillard spricht von einer medialen "Implosion" der Information und Kommunikation - sind die Eindeutigkeit moralischer Positionen und moralisch codierte Bilder vor-modern. (...) Im Spannungsfeld zwischen säkularem Medium und Theologie bewegen sich die kirchlichen Sendungen auf einer Kompromißlinie, die zwischen einem schlechten Gewissen gegenüber der Theologie und einem guten Gewissen gegenüber der Welt schwankt. Sie geben dabei eher einer Neigung zur Unauffälligkeit nach, statt Kontraste zu setzen. So vergeben sie die Chance - oder gar die Verpflichtung - zur Radikalität, die aus ihrer Minderheitenposition erwächst. Die doppelte Einschränkung durch die Inanspruchnahme des "Guten" als heimliche Erbschaft der Theologie einerseits, durch die Anpassung an das Fernsehübliche andererseits wird sich nur durch eine verstärkte theologische ***und*** *mediale Selbstreflexion auflösen lassen.*

Zu Recht kritisiert Visarius, daß die kirchliche Programmpraxis den Eindruck vermittelt, mit einem moralisch-ethischen Surplus zu arbeiten, das sie von der Pflicht ästhetischer Reflexion entbindet. Zu wenig berücksichtigt wird tatsächlich, daß die Zuschauer sich gewandelt haben und gegen Belehrung, versteckt appellative Aussagen und eine Kommunikation, die aus einer scheinbar moralischen sicheren Warte heraus geschieht, nahezu immun geworden sind. Tatsächlich befindet sich die Kirche als Programmacher am Ende unseres Jahrhunderts im Kontext einer Vielzahl von Sinnangeboten wieder. Die weltanschaulich plurale Gesellschaft kennt kein Deutungsmonopol mehr. Und nichts wird von vornherein dadurch akzeptiert, daß es durch die vertraute Institution Kirche oder ihre Vertreter gedeckt zu sein scheint. Diese Veränderungen aber konfrontieren die Kirchen und das kirchlich-religiöse Programm neu und unausweichlich mit dem Problem ihrer Legitimation, die nur noch eine Legitimation von innen heraus sein kann.

Legitimation und Praxis

Geht es um Legitimation, so kann diese nur über das Programm glaubhaft vermittelt werden. Die Arbeitsgemeinschaft missionarischer Dienste und das Gemeinschaftswerk der Evangelischen Publizistik in Frankfurt am Main haben daher zu bedenken gegeben, daß weitere Überlegungen zur Entwicklung und Produktion neuer Formen der Fernsehverkündigung unbedingt mit einzubeziehen haben, was das Publikum - für das diese Programme letztlich gemacht würden - selber will und wünscht. Und beide Institutionen haben dies nicht nur gefordert, sondern haben sich im Frühjahr 1991 systematisch mit einem Forschungs- und Erkundungsprojekt daran gemacht, mehr zu erfahren über die Zuschauer und ihre Reaktionen, als dies stammtischerprobte Kolportagen etwa über "Wort zum Sonntag" am Samstagabend erbringen können.

Im Auftrag beider Einrichtungen hat die Gesellschaft für Konsum-und Marktforschung (GfK) in Nürnberg, die für alle bundesweiten Fernsehsender die Einschaltquoten erhebt, in einer auf qualitative Ergebnisse ausgerichteten Testanordnung Kirchensendungen durch repräsentative Zuschauergruppen auswerten lassen. Fünf Gruppen (darunter Ältere, Jüngere, Berufstätige) wurden nach den Prinzipien der Markenartikelforschung repräsentativ zusammengestellt (keiner der Eingeladenen wußte vorher, daß es sich um den Test von Kirchensendungen handeln würde). Alle wurden nach dem Betrachten der Sendungen von einer Psychologin anhand eines vom Gemeinschaftswerk der Evangelischen Publizistik und der GfK entwickelten Leitfadens befragt.

Darin standen Fragen wie diese: Was ist Ihre spontane Reaktion auf die Sendung? Wie wäre Ihre Reaktion, wenn so eine Sendung zwischen anderen Programmen auftaucht? Sollte sich ein Pfarrer überhaupt zu diesem Thema äußern? Gefällt Ihnen die darstellende Person? Was empfinden Sie, wenn andere ausführlich über ihren Glauben sprechen? Könnte der Sendebeitrag Sie veranlassen, sich mit der Bibel/mit Jesus stärker auseinanderzusetzen? Was erfahren Sie in dieser Sendung über die Kirche und den christlichen Glauben? Glauben Sie, daß die eine oder andere Sendung bei Ihnen etwas "in Bewegung" gebracht hat? (Welche Sendung war das und welche Gedanken hatten Sie dabei?) Welches Anliegen verfolgt die Kirche mit Verkündigungssendungen dieser Art? Welche Arten von Fernsehsendungen sollte die

Kirche ins Programm aufnehmen? Und schließlich: Welche Sendungen würden Sie sich gelegentlich/regelmäßig anschauen?

Die Antworten der fünf Testgruppen, die sowohl während des Betrachtens der Sendungen von einer Videokamera beobachtet wurden wie auch danach während des Auswertungsgesprächs, lassen im Grunde drei wesentliche Resultate erkennen. Betrachtet man diese genauer - auch in dem Wissen, daß Zuschaueraussagen so kleiner Gruppen letztlich nicht repräsentativ sein können - , so ist festzustellen, daß alle drei Hauptresultate an grundsätzliche Fragen des kirchlichen Engagements im Programm des Fernsehens rühren.

1. Es besteht eine durchgängige, erhebliche Differenz zwischen der Akzeptanz vieler Sendungen einerseits und der mangelnden Akzeptanz der dafür verantwortlichen Institution Kirche andererseits. Anders ausgedrückt: Auch bei einer positiven Einschätzung des "Produktes" bleibt das "Image" des Herstellers schlecht. So wurde manche Sendung positiv aufgenommen, das Urteil über sie änderte sich aber von dem Moment an, wo die Testgruppen erfuhren, daß die Kirche der "Absender" dieses Beitrags gewesen ist.

2. Die Zuschauer haben eine ausgeprägte Sensibilität dafür, ob die Kirche in ihren Sendungen für sich als Institution "wirbt" oder aber ob sie auf konkrete Lebensfragen der Menschen eingeht und bei deren Beantwortung hilft und anwaltschaftlich für die eintritt, die in der Gesellschaft benachteiligt sind.

3. Insbesondere jüngere Testteilnehmer üben starke Kritik an Sendungen, bei denen der Eindruck entsteht, als wollten die Programmverantwortlichen durch einfache Übernahme bereits erfolgreicher Präsentationsformen eine Akzeptanzsteigerung ihrer eigenen Botschaft erreichen. Anders gesagt: Wenn der Inhalt nicht eine bestimmte Form zwingend nahelegt oder diese auf ihn hin konzipiert ist (Game-Show, Talk-Show oder ähnliches), stellt sich beim Zuschauer der Verdacht ein, durch vermeintlich attraktive Formen geködert zu werden. Im übrigen kamen die Sendeformen am besten weg, die es bislang am seltensten im Fernsehen gibt: kurze, filmisch erzählende und unterhaltsame "Lebenshilfe-Spots", die professionell gemacht sind und einen erkenntnisfördernden Überraschungseffekt haben.

Engagement ohne Eigennutz

Wollte man diese Ergebnisse weiter systematisieren und deuten, so ließe sich deren Deutung jeweils mit einem Begriffspaar überschreiben.

Botschaft und Image: Das Bild der Kirche in der Gesellschaft wird auch auf ihre Fernsehsendungen übertragen, und zwar von dem Moment an, in dem sie von den Zuschauern als "Kirchensendungen" identifiziert werden. Eine bei den Testgruppen häufig erkennbare negative oder auch nur indifferente Haltung den Kirchen gegenüber macht es ihren Sendungen nahezu unmöglich, mit ihrer "Botschaft" - wie immer sie lauten mag -, zum Zuschauer durchzudringen. Das heißt: Jede Überlegung zur Verbesserung kirchlicher Sendungen wird diese selbst auch mit dem überzeugendsten Konzept um ihre Wirkung bringen, wenn sie nicht das Residual-Ressentiment der Bevölkerung gegen die Kirche im Ganzen zu überwinden in der Lage sind. Dies allerdings dürfte ihnen schwer fallen, solange sich nicht das Bild der Kirche in der Gesellschaft ändert. Deutlich wird damit aber auch, daß ein gesellschaftlicher Akzeptanzverlust der Kirchen nicht etwa durch ein gesteigertes Fernsehengagement kompensiert werden könnte. Kirchensendungen prägen nicht das Bild der Kirche, vielmehr sind sie Geiseln desselben.

Selbstdarstellung und Lebenshilfe: Kirche im Fernsehen befindet sich inmitten einer Pluralität konkurrierender Sinn- und Lebensdeutungsangebote. Radikaler als sonst irgendwo steht sie hier in der Konkurrenz und muß überzeugen. Der an der ständig sich ausweitenden Fernsehwerbung geschulte Zuschauer wiederum weiß sehr genau, ob er Programm oder Reklame sieht und taxiert die Werbung im wesentlichen nach ihrem Unterhaltungswert. Wenn beim Zuschauer das Gefühl aufkommt, Kirchensendungen wollten, gleichsam liturgisch getarnt, die Lebensprobleme der Zuschauer für ihre bereits bereitliegenden Lösungsmodelle funktionalisieren und so der Institution Kirche Image-Pluspunkte zuschanzen, wird dieser kalt und gereizt, weil er den Unterhaltungswert von Werbesendungen, auf den er vielleicht noch auszuweichen sucht, bei Kirchensendungen nicht findet.

Die von der evangelischen Publizistik bereits in den sechziger und siebziger Jahren geprägten Formeln des "Engagements ohne Eigennutz" und der Stellvertretung für diejenigen, die sonst im Programm keine Stimme haben (Intervention, Interpretation, anwaltschaftliches

Handeln), wie es etwa im Publizistischen Gesamtplan der EKD von 1979 ausgeführt wird, haben bis heute ihre Gültigkeit behalten. Dies schließt durchaus ein, daß ganz explizit vom Glauben gesprochen werden kann, aber am besten so, daß aus ihm heraus auf die Dinge geblickt wird und er nicht wie ein medizinisches Produkt angeboten wird. Das aber heißt, daß in den Augen der Zuschauer die Legitimität eigener kirchlicher Sendezeiten im Fernsehen allein darin zu suchen ist, ob diese bei der Bewältigung der eigenen Lebensprobleme und die der anderen uneigennützig zu helfen bereit ist und von Institutioneninteressen absehen kann. Das Recht der Kirchen auf Sendezeit wird damit grundsätzlich nicht in Frage gestellt.

Alte Inhalte und neue Formen: Einem Anpassungsdruck an das sie umgebende Umfeld unterliegt die Kirche auch im Fernsehen. Denn sie kann sich ihr Umfeld nicht aussuchen, muß vielmehr mithalten in einem hochprofessionalisierten Mediensystem, das inzwischen auch in seiner öffentlich-rechtlichen Struktur auf einem Markt konkurrierender Anbieter bestehen muß. Was liegt da für die Kirchen daher näher, als sich immer mal wieder erprobter und bereits in anderen Zusammenhängen als erfolgreich ausgewiesener Sendeformen zu bedienen. Gottesdienste mit Talk-Show-Elementen, Game-Shows, Wunschkonzerte, Studiogespräche und andere Formen gehen hierbei mit dem kirchlichen Verkündigungsanliegen eigenwillige Verbindungen ein.

Nun wäre es falsch, diese Versuche vorschnell zu kritisieren, denn das Fehlen einer eigenen kirchlichen Fernsehdramaturgie läßt oft keine andere Wahl, als Vertrautes zu übernehmen, will man sich nicht mit der Übertragung von Gottesdiensten und dem "Wort zum Sonntag" als einer Gattung eigener Art begnügen. Doch der Zuschauer, so der Test der GfK, goutiert diese Versuche nicht. Vielmehr wecken sie bei ihm erneut den Verdacht, daß sich die Kirche mit der geliehenen Reputation beliebter Sendeformen selber etwas Gutes tun will. Bemängelt wird aber auch, daß die Übernahme geprägter Fernsehformen durch die Kirchen oftmals auf einem professionell minderem Niveau geschieht.

Noch einmal macht dieser Punkt deutlich, daß die Kirchen, wenn sie sich ins Fernsehen wagen und die ihr eigenen vertrauten Gattungen verlassen, in Schwierigkeiten kommen. Was also dringend geboten ist, ist die Entwicklung und Erprobung einer eigenen kirchlichen Medienhomiletik und Mediendramaturgie, die - gänzlich gelöst vom Paradigma der Kanzelverkündigung - eine originäre Fernsehform wäre, die dennoch präzise auf das kirchliche Anliegen zugeschnitten ist, nämlich zu zeigen, inwiefern der Glaube zum Leben helfen kann.

Nimmt die Kirche die Ergebnisse ihrer eigenen Untersuchung ernst, so befindet sie sich bereits auf einem Weg, an dessen Ende ein Programm stehen könnte, das, bar jeder Illusion, unprätentiös und professionell, vom Zuschauer gemocht wird, weil es für ihn gedacht ist. Daß aber Fernsehsendungen grundsätzlich weder die Einstellungen von Menschen noch sie selbst ändern können, kann auch den Kirchen eine gewisse Gelassenheit bei allen weiteren Überlegungen geben.

Damit verbunden sind aber die mindestens ebenso weitreichenden Fragen, ob die kirchliche Privilegierung im Fernsehen angesichts eines größeren und offenen Europas, das ja nicht nur ein multikulturelles, sondern auch ein multireligiöses ist, noch zeitgemäß ist. Sicher aber ist, solange Religion als anthropologische Grundkonstante akzeptiert ist und solange eine Gesellschaft sich an ihr christlich-jüdisches Erbe erinnern läßt, wird das kirchlich-religiöse Programm unverzichtbar sein, und sei es als eines, das sich neben anderen religiösen Weltdeutungen behaupten muß.

Für all diese Überlegungen scheint die Zeit knapp zu werden. Denn selbst das öffentlich-rechtliche Fernsehen, das den Kirchen bislang als treuer Verbündeter galt, legt seine Kirchensendungen nun vermehrt auf den Sonntag. In der Woche, im Kontext der Alltagsprobleme (die unter der Hand zu den einzig wirklichen Problemen werden), kommt Kirche und Religion dann bald nicht mehr vor. Betrachtet man zudem die neuere Programmentwicklung im Fernsehen, die sich mehr und mehr allein auf das Plebiszit der Verbraucher stützt, der mit der Fernbedienung in der Hand beständig über Sein und Nichtsein von Programmen und damit auch von Programminhalten entscheidet, dann ist Sperrgut, wie es kirchliches Programm trotz alledem nun einmal ist, vielleicht bald gar nicht mehr gefragt.

Anmerkungen

1 epd-Kirche und Rundfunk, Juni 1952.

2 K. Tucholsky: Schnipsel, Reinbek 1987.

3 S. von Kortzfleisch: Verkündigung und "öffentliche Meinungsbildung". Ein Beitrag zur Grundlegung kirchlicher Öffentlichkeitsarbeit, Stuttgart 1960.

4 H.-E. Bahr: Verkündigung als Information. Zur öffentlichen Kommunikation in der demokratischen Gesellschaft, Hamburg 1968.

5 Publizistischer Gesamtplan der Evangelischen Kirche in Deutschland. Vorgelegt von der Kammer der EKD für publizistische Arbeit und im Auftrag des Rates der EKD, herausgegeben von der Kirchenkanzlei, Gütersloh 1979.

6 Evangelischer Pressedienst (epd), Ausgabe für kirchliche Presse Nr. 46/1992.

7 epd Dokumentation, 4/1991.

8 Vgl. den Beitrag von B. Sichtermann in diesem Band.

9 epd Dokumentation 14/1989.

Autoren und Herausgeber

Stephan Abarbanell, geb. 1957. Studium der Evangelischen Theologie, Allgemeinen Rhetorik und Publizistik in Hamburg, Tübingen und Berkeley, USA. Stipendiat des German Marshall Fund of the United States (Journalistenprogramm). Leiter der Abteilung Hörfunk, Fernsehen, Film des Gemeinschaftswerkes der Evangelischen Publizistik in Frankfurt am Main.

Peter Cornehl, Professor Dr. theol., geb. 1936, ist Professor für Praktische Theologie in Hamburg, mit Schwerpunkt Homiletik, Rhetorik, Kirchentheorie. Veröffentlichungen über Gottesdienst und Predigt. Herausgeber: "Gottesdienst und Öffentlichkeit" (1970, mit H.E. Bahr) und "Forum Abendmahl" (1981). Universitätsprediger.

Harvey Cox, Professor Dr., geb. 1929 in Phoenixville, PA; Studium der Theologie in Yale und Harvard; 1962/63 "Fraternal Worker" bei der Gossner Mission in Berlin; Lehrtätigkeit am Oberlin College, an der Andover Newton School of Theology, seit 1964 im Bereich "Kirche und Gesellschaft" an der Harvard Divinity School, Cambridge, Mass. Wichtige Veröffentlichungen: "The Secular City", 1965 (dt.: "Stadt ohne Gott", 1966); "The Feast of Fools", 1969 (dt.: "Das Fest der Narren", 1970); "The Seduction of the Spirit", 1973 (dt.: "Verführung des Geistes", 1974); "Many Mansions. A Christian's Encounter with other Faiths", Boston 1988.

Hans Werner Dannowski, geb. 1933 in Petershagen/Berlin. Aufgewachsen in Ostpreußen, nach 1945 in der Nordheide. Abitur 1953 in Hamburg-Harburg, Studium der Theologie. Gemeindepfarrer in Göttingen, Studiendirektor des Predigerseminars Imbshausen. Seit 1980 Stadtsuperintendent in Hannover. Von 1985 bis 1992 Filmbeauftragter der Evangelichen Kirche in Deutschland. Verschiedene Publikationen zu den Themenbereichen Homiletik, Kirche und Kunst, Kirche in der Großstadt.

Johanna Haberer, geb. 1956 in München, Studium der Theologie, Germanistik und Theaterwissenschaft in Erlangen und München; Pfarrerin und Journalistin. 1990 bis 1993 Redakteurin bei der EIKON Film in München. Seit 1993 freie Journalistin.

Siegfried von Kortzfleisch, Dr. theol., geb. 1929 in Dresden. Theologe und Publizist. Stationen: Studienleiter der Evangelischen Akademie Bad Boll; stellvertretender Leiter der Evangelischen Zentralstelle für Weltanschauungsfragen in Stuttgart; Chefredakteur der Lutherischen Monatshefte, Hannover; stellvertretender Chefredakteur des Deutschen Allgemeinen Sonntagsblattes in Hamburg (bis 1986). 1970 bis 1990 Vorsitzender des Kuratoriums der Christlichen Presseakademie/ Evangelische Medienakademie. Lehraufträge Hamburg, Hannover, Leipzig. Zahlreiche Veröffentlichungen.

Jürgen Leinemann, geb. 1937. Begann als Student für seine Heimatzeitung, das "Burgdorfer Kreisblatt" zu schreiben. Studium der Geschichte und Germanistik. Danach Mitarbeiter der Deutschen Presseagentur in Berlin. Seit 1968 dpa-Korrespondent in Washington. Er übernahm 1971 das dortige SPIEGEL-Büro. Ab 1974 fünfzehn Jahre lang in der Bonner Redaktion des Nachrichtenmagazins, seit dem Fall der Mauer wieder in Berlin. Für seine Reportage über Hans-Dietrich Genscher ("Ich muß doch die Sozis bändigen", 1982) ausgezeichnet mit dem Egon-Erwin-Kisch-Preis.

Dieter Roß, Professor Dr., geb. 1939 in Königsberg. Studium der Geschichte, Philosophie und Literaturwissenschaft in Hamburg und Göttingen. Nach mehrjähriger Tätigkeit als freier Journalist wissenschaftlicher Referent im Hans-Bredow-Institut für Rundfunk und Fernsehen (1966-1983); seit 1983 Professor für Kommunikationswissenschaft und Medienpraxis im Institut für Journalistik der Universität Hamburg.

Barbara Sichtermann, geb. 1943 in Erfurt. Lebt als freie Autorin in Berlin. 1985 Jean-Amery-Preis für Essayistik. Seit 1986 Mitherausgeberin des "Freibeuter". Medienkritikerin in der "Zeit". Etliche Bücher, darunter "Wer ist wie? Über den Unterschied der Geschlechter" und

"Vorsicht Kind. Eine Arbeitsplatzbeschreibung für Mütter, Väter und andere".

Will Teichert, Dr., gelernter Zeitungsredakteur (Neue Westfälische, Bielefeld). Studium der Soziologie (und der Theologie). Wissenschaftlicher Referent und Geschäftsführer am Hans-Bredow-Institut für Rundfunk und Fernsehen an der Universität Hamburg (1973 bis 1985). Einige Jahre freiberuflicher Medienwissenschaftler mit Aufenthalten in Madagaskar, Brasilien, China. 1988/89 Leiter der "Medienforschung/Programmplanung" beim Hessischen Rundfunk. Seit 1989 Direktor der Akademie für Publizistik in Hamburg. Gastprofessor in Leipzig.

Hermann Timm, Professor Dr. theol., Dr. phil., geb. 1938 in Sieseby an der Schlei. Studium der evangelischen Theologie und der Philosophie in Kiel, Berlin, Göttingen und Heidelberg. Habilitiert für Systematische Theologie 1976; außerplanmäßiger Professor in Heidelberg 1982; Ordinarius in München 1987. Zahlreiche Buchveröffentlichungen, darunter: "Zwischenfälle. Die religiöse Grundierung des All-Tags", 1983; "Das ästhetische Jahrzehnt. Zur Postmodernisierung der Religion", 1990; "Von Angesicht zu Angesicht. Sprachmorphische Anthropologie", 1992.

HAMBURGER BEITRÄGE ZUR ÖFFENTLICHEN WISSENSCHAFT

Im Auftrag der Universität Hamburg herausgegeben von
Harald Schlieman, Arnold Sywottek, Helmut Vogt

Band 9
Bermbach, Udo/Konold, Wulf (Hg.)
DER SCHÖNE ABGLANZ
Stationen der Operngeschichte
(Oper als Spiegel gesellschaftlicher Veränderungen, Teil 1)
295 Seiten mit 17 Abb. 1991
Broschiert. ISBN 3-496-00449-5

Band 10
Bermbach, Udo/Konold, Wulf (Hg.)
GESUNGENE WELTEN
Aspekte der Oper
(Oper als Spiegel gesellschaftlicher Veränderungen, Teil 2)
287 Seiten mit 10 Abb. und 6 Notenbeispielen. 1992
Broschiert. ISBN 3-496-00448-7

Band 11
Bermbach, Udo/Konold, Wulf (Hg.)
OPER VON INNEN
Produktionsbedingungen des Musiktheaters
(Oper als Spiegel gesellschaftlicher Veränderungen, Teil 3)
353 Seiten mit 67 Abb., 31 Grundrissen und 17 Notenbeispielen. 1993
Broschiert. ISBN 3-496-00447-9

Band 12
Kortzfleisch, Siegfried von/Cornehl, Peter
MEDIENKULT – MEDIENKULTUR
170 Seiten. 1993
Broschiert. ISBN 3-496-02518-2

DIETRICH REIMER VERLAG BERLIN
Unter den Eichen 57 · 12203 Berlin